소니 제국의 마케팅

소니 제국의 마케팅

야마무라 신이치로 지음 | 김욱송 옮김

참솔

머|리|말

요즈음 인터넷 비즈니스가 지나친 경쟁시대에 들어섰다는 말을 자주 듣는다. 사이버 쇼핑몰을 비롯한 판매 혁명, 콘텐츠 비즈니스와 주변에 발생하는 신규 비즈니스, 또는 e(electronic)커머스 등 상거래 구조의 변화에 의해 생겨나는 다양한 비즈니스 기회를 요구하는 이른바 '혈안'의 경쟁이 시작되었다.

오늘날 IT라는 말은 이미 기존 정보통신 기술의 의미뿐 아니라 컴퓨터 기술과 주변 기술을 포함한 종합 정보산업 기술의 뜻으로 쓰이게 되었다. 그리고 때에 따라서는 IT라는 말을 기술용어가 아닌 정보 관련 비즈니스의 하드나 소프트를 포함하는 비즈니스 용어로 이해하기도 한다. 다시 말해, 이미 IT는 일부 전문가만의 기술 분야가 아니라 학생이나 주부, 어린아이에서 노인에 이르기까지 혜택을 누릴 수 있는 사회의 인프라가 된 것이다. 그리하여 오늘날 '내로

밴드(narrow band, 다이얼업 모델)에서 브로드 밴드(broad band, 케이블이나 ADSL같은 초고속 인터넷 인프라)로' 전환하는 IT 세계와 IT 비즈니스상의 대변화가 예상된다. 이는 단순히 정보통신 단말의 주파수 영역이 확대되는 것 이상으로 일상생활이나 비즈니스 현장에 큰 변화를 가져올 것으로 예상된다. 산업계는 물론 일반 소비자 입장에서도 결코 무관심할 수 없는 변화다.

이제 컴퓨터 기술과 통신·인터넷 기술의 발전에 따른 급격한 변화가 우리 소비생활을 크게 바꿔놓을 것이라는 주장은 누구도 부인할 수 없는 사실이 되었다.

그리고 이것이 소비생활뿐 아니라 비즈니스 방식이나(비즈니스 스타일) 생활방식(라이프 스타일)을 크게 변화시키리라는 것은 이미 앨빈 토플러가 20년 전에 지적한 사실이다. IT의 진전에 따른 비즈니스 스타일이나 라이프 스타일의 변화는 옳거나 그르거나 좋아하거나 그렇지 않거나에 상관없이 필연적이라 할 수 있다. 우리에게 요구되는 것은 이러한 변화로 인해 초래될 미래가 보다 바람직하고 건전한 방향으로 나아갈 수 있도록 각자의 입장에서 끊임없이 노력하는 자세를 갖는 것이다.

이미 세계적 기업으로 인정받은 소니는 세상이 다 아는 일본의 전자제품 메이커다. 그리고 최근의 성숙기는 물론 일찍이 대량 생산 대량 소비 시대에서도 제품을 제조할 때, 기존과는 전혀 다른 새로운 고안으로 히트상품을 창출해 온 몇 안 되는 기업 중 하나다. 뿐만 아니라 다음 세대에는 자연스럽게 다가올 사회환경 변화를 이끌어갈 제품을 시중에 출시할 기업이며 그런 의미에서 변화의 책임자임에 틀림없다. 그러나 국제적 포화경제, 특히 경기침체가 계속되는 일본의 경제 상황에서 살아남을 수 있는 방법은 '책임자'인 동시에 리더로서의 역할까지 충실히 감당하는 길밖에 없다.

그러기 위해서 필요한 것은 무엇인가?

물론, '제품이 좋으면 팔린다'는 말은 틀림없는 사실이다. 그러나 문제는 '좋다'는 것이 '언제', '누구'에게 '무엇을' 하기 위해 '어떻게' 좋은가 하는 데 있다. 더구나 모든 것을 충족할 조건의 제품과 시장의 조화가 성립된다 하더라도 이러한 사실을 시장에 어떤 방식으로 알리고, 경쟁사의 제품이 아닌 자기 회사의 제품을 소비자가 구입할 수 있도록 하기 위해서는 무엇을 해야 하는가.

변화의 물결이 거센 차세대 IT 비즈니스 사회의 패자(覇者)가 될 열쇠, 그것이 바로 '마케팅'이다.

비즈니스의 영역이 넓어질수록, 기업이 성장할수록, 시장이 성숙할수록 복잡한 고도의 마케팅이 요구된다. 유래가 없을 정도로 큰 변화를 겪는 시대에 리딩 컴퍼니(leading company)의 위치를 지키기 위해 소니가 택한 시책, 그것은 바로 소니 마케팅 주식회사다.

소니(주)라는 거대 기업이 이 정도로 힘을 쏟는 마케팅이란 대체 어떤 것일까? 그리고 소니 마케팅 주식회사의 마케팅은 다른 기업의 그것과 무엇이 어떻게 다른가? 지금까지 소니라는 브랜드가 지닌 강점은 제품 제조의 관점에서 자주 거론되어 왔다. 물론, 제조의 노하우나 센스 면에서 소니에는 분명 이점이 있다.

그러나 무엇보다 이 기업에는 독자적인 '향기'가 있다. 그 상품은 새로운 시대를 느끼게 하고 자신의 비즈니스나 생활이 바뀔 것을 예감하게 해준다. 소니(주)의 매니지먼트는 다른 일본 기업에서 찾아볼 수 없는, 강한 품위의 향기를 느끼게도 한다. 창업자 이부카 마사루(井深大) 이래 배출된 최고경영자(CEO)들에게서 저마다의 강렬한 카리스마를 느낄 수 있는 것도 향기의 일종이라 할 수 있겠다. 이러한 향기의 바탕이 되는 것이 소니(주)의 기업 활동이나 소니 브랜드 중 어디에 해당될 것인가를 생각했을 때 나올 수 있는 대답이 바로 마케팅 아닐까?

어쩌면 소니의 마케팅을 생각하는 것은 수많은 우수한 두뇌들이 머리를 맞대고 짜내어 이룩한 소니의 매력, 소니의 향기를 해명하는 것으로 귀결될지도 모르겠다. 그리고 이러한 매력이나 향기를 만들어 내는 노하우는 바로 일본의 제품 제조가 새로운 시대를 열어가기 위한 비장의 무기 같은 것이 아닐까? 끊임없이 쏟아지는 무수한 의문을 무산시킨다고까지는 할 수 없지만 SMOJ에는 참고가 될 만한 무언가가 있음에 틀림없다. 이를 찾아내기 위한 첫걸음으로 기획한 것이 이 책이다.

이 책에서는 특별한 경우를 제외하고는 소니 마케팅 주식회사를 'SMOJ'라고 표기하기로 한다. 이것은 Sony Marketing of Japan의 약어다. SMOJ는 소니 마케팅 주식회사의 정식 약칭이 아니라 설립 프로젝트 가운데 가칭으로 쓰인 코드네임이지만, 이미 일부 매스컴 보도에서 알 수 있듯 일반화가 진행되고 있다. 이러한 이유로 이 책 역시 이 예를 따르기로 한다. 또한 이 책에서 소니(주)라고 쓴 경우는 현재의 소니 주식회사를 지칭하는 것이며, 소니 그룹 전체를 가리키는 경우에는 '소니 그룹'으로 표기하였음을 밝힌다. 그리고 '소니'라고 표기할 경우는 기본적으로 소니 브랜드 전체를 가리키는 것이며, 아울러 그 브랜드를 바탕으로 하는 기업활동 전체도 함께 나타내는 것임을 미리 알려둔다.

CONTENTS

1 'e시대 마케팅' 으로
시대의 변화가 마케팅의 발전을 요구한다

2 마케팅 이노베이션을 향하여
혁신을 위한 서곡

3

SMOJ 비즈니스의 노하우

SMOJ 1000일 간의 비즈니스

CONTENTS

4

새로운 비즈니스에 대한 도전
다음 세대의 창조와 발전을 위하여

5 창조적 마케팅으로 시장 형성

SMOJ의 전략과 사상

6 마케팅이 제품이 되는 날

'e시대 마케팅'으로

시대의 변화가 마케팅의 발전을 요구한다

Sony's Marketing DNA

급변하는 마케팅

격변하는 시장과 기업의 체질

오늘날 마케팅이 중요한 이유는 무엇인가? 그리고 소니(주)가 엄청난 비용을 지불하면서까지 새로운 회사를 설립하여 마케팅을 독립시키고 새로운 구조의 마케팅을 필요로 한 까닭은 무엇인가? 먼저 이 두 가지 '이유'에 대해 시장과 비즈니스 환경을 중심으로 간단히 살펴보기로 하자.

현재 일본의 경제환경에 대해 물으면 누구나 할 것 없이 '어렵다'고 말한다. 잠시 자율회복 과정에 있는 것으로 보는 견해도 있지만, 일본 대다수 기업의 상황을 보면 경기가 순조롭게 이른 시간 안에 회복되리라고 기대하기는 거의 어렵다. 그러나 일본의 주요 수출산업인 자동차나 전자제품(가전제품) 등에서는 업적에 알맞게 성장하는 것을 볼 수 있으며, 심각한 부진을 면치 못하는 중소기업에서도 독자적 기술 개발이나 제품 개발에 성공하여 급성장하는 기업이 속속 등장한다.

포스트 버블(거품경제) 이후, 일본의 산업과 시장은 수많은 경험을 바탕으로 눈에 띄게 성장했음을 알 수 있다. 그 중 하나가 세계화의 중요성이며 다른 하나는 기술력, 제품 개발력의 역량 차이가 기업 규모나 상장, 비상장에 관계없이 기업 발전의 시비(是非)를 결정할 수 있다는 점이다. 그리고 산업계 전체의 구조 면에서도 엄청난 변화가 있었다.

지금까지 일본의 산업구조를 흔히 오페라에 비유하였다. 이는 소수의 주역만이 무대에 올라 산업동향을 좌우하는 구조를 뜻한다. 그러나 최근 추세는 오페라가 아닌 뮤지컬에 비유되는 산업 구조, 곧 누가 주역인지 알 수 없는 군웅할거(群雄割據)의 실력 경쟁을 전개하는 산업구조로 변화했다. 이제껏 조연에 지나지 않던 기업이 독자적 기술이나 전략에 의해 기존의 주역들이 이뤄온 것보다 더 훌륭한 업적을 이루고 규모의 차이나 업종의 틀을 넘어 지배력, 영향력을 행사할 수 있는 구조를 이룬 것이다.

이러한 상황에서 거대기업의 생존방식에 대한 갖가지 비판과 반성의 목소리가 높아졌다. 그 가운데는 변화에 대한 적응력과 관련한 내용이 가장 많다. 기업의 거대화로 인한 관리 구조의 비대, 특히 제조업에서는 과정의 세분화에 따른 제품 기획에서 판매에 이르기까지의 리드 타임 증대가 시장 변화에 적절히 대응하지 못했다는 반성에 따라 이제껏 많은 기업들이 재구성(restructuring)이나 재설계(reengineering)—모두 커다란 의미에서 기업 구조 재편을 뜻한다—에 심혈을 기울여 왔다.

이러한 험난한 길을 거쳐오는 가운데 몇몇 산업분야에서 눈부신 발전을 이룩한 기업도 있다. 이들 기업의 대부분은 시장이나 사회의 변화에 더 적극적으로 대처한 구조 재편으로 기업활력을 강화하였다. 그 중에서도 가장 특징적이라 할 수 있는 것은 최근 10년 간 끊임없이 거론되어 온 CS(고객 만족) 실현 방법에 대한 변화다.

몇 년 전부터 미국에서는 마케팅이나 재무분야에서의 릴레이션십 매니지먼트(relationship management, 관계성 경영)라는 사고방식을 중요시하기 시작했다.

릴레이션십 매니지먼트란, 경영의 기본을 시장원리에만 두지 않고 개별 고객이나 거래처, 곧 고객과의 관계를 우선하고 특히 장기적 거래관계를 중시하여 경영전략을 세우는 방법을 뜻한다. 이러한 사고방식은 이미 일본 기업에도 파급되었지만 일본의 고전적 상관습에 있는 '고객 만족' 사상이 유럽과 미국에서 하나의 경영기법으로 평가받으면서 일본에 역수입된 것으로도 볼 수 있다. 여기서 중요한 것은 시장이나 사회와의 관계, 또는 고객과의 직접적인 관계 유지에 대해 민감해야 한다는 것이다.

또한 뮤지컬형 산업구조의 출현이라는 관점에서는 경제 체질의 서비스화, 소프트화 등으로 변화하는 측면도 간과할 수 없다. 이러한 경제의 소프트화 진전에 대응하는 경제운영이 소프트노믹스(software+economics)라고 할 수 있는데, 실제 소프트화는 이러한 사고방식을 순식간에 과거의 것으로 만들어 버릴 정도로 급격히 진행된다. 원인은 여러 면에서 찾을 수 있지만 최대의 원인은 무엇보다 시장중시, 고객중시를 위해 소프트 산업이나 부문의 충실이 요구된다는 점과 이를 높은 차원에서 실현할 수 있는 IT의 고도화와 보급이 이루어졌기 때문이라고 할 수 있겠다.

현재, 모든 산업의 시장과 관련한 밀착도의 상승을 함께 생각해 보았을 때, 시장을 어떻게 파악하고 그것에 어떻게 대응해 나갈 것인가를 신속, 정확하게 판단하는 기술이 기업의 사활을 쥐고 있다고 해도 지나친 말이 아닐 것이다. 이것이 바로 마케팅이라는 점을 생각하면 오늘날 다양한 산업 국면에서 더 강력하고 새로운 마케팅을 모색하는 것은 그리 새롭고 놀랄 만한 일도 아니다.

마케팅이란 무엇인가

그렇다면 더 강력하고 새로운 마케팅이란 과연 어떤 것일까.

마케팅(marketing)이란 사전적인 의미로는 '기업이 행하는 모든 시장활동'을 말한다. 전문가들에게는 공자 앞에서 문자 쓰는 격이 되겠지만 여기서 간단히 마케팅에 대해 살펴보기로 한다.

소비자(즉 시장)의 요구가 비교적 단순한 단계, 즉 경제가 포화 숙성하기 이전에는 끊임없이 시장수요가 확대되고 공급자 입장에서는 이에 대응할 수 있는 구조가 성립되었다. 이 단계에서의 기업 과제는 어떻게 효율적으로 생산하여 유통시키는가 하는 것이다. 그러나 이후에 경제 성장과 소득 수준의 향상, 그리고 생활 수준 향상으로 인해 소비자의 기초적 요구가 충족되고 나면 그와 함께 소비자의 구매욕구는 양적(금전적 의미가 아니라 건수〈件數〉의 의미)으로 감소하고 질적으로 고도화하는 현상이 나타난다. 특히 질적으로 고도화되면 소비자 개개인 또는 아주 작은 규모의 시장까지도 단위마다 욕구 내용이 다른 경우가 많아져 총체적으로 시장의 요구와 소비자의 욕구를 제대로 알아내기 어려운 현상을 낳는다. 이러한 단계에서는 '만들면 팔린다' 는 식의 사고방식은 있을 수 없으며, 다양한 방법에 의한 소비자 욕구를 조사하거나 분석, 사회 동향과 유행을 예측하는 등의 활동을 더욱 절실히 필요로 한다.

실제로 세계 각국의 산업에서 경제성장이 일단락된 단계에서 이러한 활동은 어느 정도 성과를 거두었고, 방법론 역시 여러 측면에서 검토되었다. 마케팅의 원점은 바로 여기에 있다.

요컨대 마케팅의 목적은 고객 만족을 증대해 기업 번영으로 이어나가는 데 있다. 매우 일반적인 내용은 시장 동향의 조사를 근거로 소비자(및 시장) 요구를 파악하고 이에 대응할 수 있는 제품에서 자사의 기술적 · 이미지적 이점 등을 살려 기획한다. 광고 등의 판매 촉진 활동을 펼쳐 나감과 동시에 가장 이상적인 판매 경로로 상품을 종합적 · 계획적인 방법으로 판매한다. 이른바 판매(판매활동)도 '시장의 동향을 읽고 대응하는' 측면은 공통적이지만 마케팅이 마케팅일 수밖에 없는 까닭은 시장을 움직인다는 점, 곧 '시장을 창조한다는' 측면에 있을 것이다.

이러한 마케팅을 기업활동의 기본 요건 중 하나로 받아들여 시장의 창조를 경영자의 임무로 삼는 사고방식은 19세기 후반에 출현한 것으로 알려졌다. 하지만 이러한 사고방식이 그 시기까지 발전한 판매 형태로 실제 일반 기업에서 쓰인 것은 미국의 경우 20세기, 일본은 1950년대 접어들면서부터다. 이후 마케팅의 사고방식은 제조업뿐 아니라 모든 비즈니스 분야에서 매우 중요한 기업 운용(오퍼레이션) 요소로 세계 곳곳에 침투하였다.

시장 변화와 마케팅의 변화

그러나 최근 들어 마케팅에 대한 이러한 생각들이 크게 바뀌었다. 변화의 한 예가 이른바 소셜 마케팅(social marketing, 사회지향적 마케팅) 방식이다. 1960년대 초반에 일어난 소비자 보호운동(consumerism)이 고조하면서 기업 대 소비자의 구조에 큰 변화가 생겼다. 단기적 이윤만을 추구한 기존 자세에서 소비자의 장기적인, 또한 사회 전체의 이익까지 포함한 관점을 가져야 한다는 생각이 일반화하였고, 이에 대한 기업측 대응으로, 사회적 요구에 대한 대응을 중시하는 소셜 마케팅이 주목을 받았다. 더 이상 기업 입장에서도 마케팅 활동의 목표를 기존에 중시해 온 수익 확대나 시장 점유율 증대에만 둘 수는 없게 된 것이다.

또한 지역적으로 본 마케팅 사고방식에 대해서도 기업 활동의 세계화에 따른 마케팅의 세계화를 추진하는 한편, 보다 높은 고객 만족을 얻기 위한 지역 밀착형 마케팅의 사고방식 등 다양한 고도화, 세분화가 일어났다.

아울러 개별 시장과 개별 소비자를 생각했을 때, 마케팅을 매개로 고객과 기업간의 밀접한 관계가 요구되고 있다. 이로써 마케팅에도 지역마다의 시장 특성이나 문화 차이를 세심하게 고려한 이른바 지역 마케팅(area marketing)이 요구되었다.

뿐만 아니라 소비자와 사회, 그리고 기업의 태도가 변화함에 따라 소비자의 요구와 상품, 서비스의 관계 패턴은 한층 복잡해졌다. 그럼으로써 마케팅 활동도 다양화, 복잡화하는 경향을 볼 수 있다.

동시에 마케팅에서도 질적인 변화를 거듭하였다. 소비활동이라는 과정 전체에 대한 세련미를 높이려는 욕구가 시장과 사회뿐 아니라 기업측에도 높아졌다는 점이다.

마케팅을 둘러싼 이러한 흐름 속에서 주목받는 것이 친밀한 고객(customer intimacies) 발상이다. 이는 기업이 고객(또는 시장)과의 계속적이면서도 더 친근한 대화를 통해 신뢰 관계를 형성하는 것이다. 곧 기업이 고객 개개인 또는 각 시장 특유의 요구를 충족하는 상품을 공급함으로써 그 기업 또는 브랜드에 대한 공감대를 이루고 될 수 있는 대로 오랫동안 계속 구매를 유도하는 식의 시장을 창조, 획득하려는 데 목적이 있다.

따라서 기업쪽에는 시장 요구 조사, 사회 동향이나 유행에 대한 추측뿐 아니라 제품 판매와 일체화한 상품 기획과 판매 전략, 철저한 고객 관리나 상품 생활 사이클 매니지먼트, 그리고 시장 변화에 대응할 수 있는 책임과 그에 걸맞은 발빠름이 요구된다.

이와 같이 현대산업의 마케팅은 일반적으로 제조 기술과 직접 관련된 부문 이외의 모든 기업활동과 연관된 폭넓은 업무 범위를 가

진다. 마케팅은 기업의 생명줄과 직결된 가장 중요한 파트라는 점
에 주목해야 한다.

비즈니스 환경 변화와 기술 혁신

마케팅이 크게 변모한 원인은 비즈니스 환경 자체의 커다란 변화
에 있다. 그 중에서도 고도 성장 경제에서 포화 성숙 경제로 변화함
에 따라 기업 활동 전체의 효율화가 요구되었고, 그 결과 다양한 비
즈니스 환경의 변화가 일어났다. 한 예로 의사 결정 구조의 강화와
신속화를 들 수 있다. 성장 경제 아래 비대해진 관리 시스템이나 과
잉 업무의 세분화를 추진해 온 기업 입장에서 의사 결정 구조의 취
약과 타이밍의 문제는 시장 환경의 급속한 변화를 따라갈 수 없다
는 문제를 낳았다.

이러한 상황에서 찾을 수 있는 유일한 탈출 통로는 경제에서의 기
술 혁신을 꾀하는 것이다. 현재 일어나는 이른바 IT 혁명은 산업 전
체가 기대를 건 기술 혁신에 해당하는 이벤트로 볼 수 있다. 이미
휴대폰과 인터넷의 폭발적 보급으로 인해 정보 · 방송 · 통신 등의
산업의 결합을 시도하였고 새로운 정보산업이 탄생하였다. 하향곡
선을 그리는 경제상황에서 탈각하는 경향은 바로 이 분야의 확대에

서 비롯한 경우가 많다.

특히 중요한 점은 먼저 이들 새로운 IT 비즈니스 분야가 지금까지 산업 세계의 기본 질서나 틀을 그대로 따르지 않는다는 점이다. IT 비즈니스는 극단적으로는 소프트화·서비스화를 진행한 분야이며, 벤처의 성격이 짙다고 볼 수 있다.

물론, 하드웨어 생산에 대해서는 설비 투자를 비롯한 자본력이나 기업으로서의 규모가 발전하는 데에서 결정적 요소가 될 수 있지만, 그러한 요소를 가진 기업이라 해도 소프트&서비스 부문에서 뒤처지면 산업계의 리딩 컴퍼니(leading company)가 될 수 없다. 새로운 비즈니스적 기회를 요구하는 기업가가 모두 IT 비즈니스, 그중에서도 소프트&서비스 부문에 진출한 것도 이러한 요인이 크게 작용했을 것이다.

변화하는 취업의식과 생활방식

또한 IT 비즈니스 시대에는 취업 의식과 생활방식에도 큰 변화가 일어난다. 소프트&서비스 부문 산업의 활약이나 기업 계열의 붕괴, 거대기업의 변화하지 않으려는 태도에 대한 반성 등에서, 지금까지의 '거대기업 = 우량기업'이라는 의식은 근본적으로 붕괴하였고, 기업을 본질적 가치에서 판단하려는 경향이 뚜렷해졌다. 이러한 의미에서 기업의 규모에 상관없이 본질적으로 우량한 기업은 우량기업으로 간주하나 규모는 거대하다 하더라도 우량하지 않은 기업은 장기적인 면에서 시장이나 산업에서 도태될 수밖에 없다는 얘기다. 이러한 점에서도 기업활동의 목적이 스스로 확대, 성장뿐 아니라 사회적 의의나 시장 욕구에 대해 민감하게 반응하는 것을 중시하는 방향으로 전환한 점을 이해할 수 있다.

아울러 기업에 대한 의식이 희박해질 것이라는 점도 간과할 수 없는 중요한 변화로 꼽는다. 예를 들어 개인의 취업 스타일은 가변적 노동시간제(flextime)의 도입이나 재택근무, SOHO(Small Office Home Office)의 출현 등 시간과 장소에 구애받지 않는 방향으로 바뀌었으며, 그러한 경향은 특히 IT 비즈니스 분야에서 현저하게 나타나고 있다.

또한 비즈니스 전체에서도 제휴라는 비즈니스 스타일, 곧 전략적 기업간 제휴나 아웃소싱의 증대, 나아가서는 사이버 컴퍼니의 출현 등으로 인해 한 기업이 가질 수 있는 이미지가 다양해짐과 동시에 희박해진다. 반면 중요성을 늘리는 것은 브랜드나 제품 시리즈 등 더욱 소비자 입장에서 인식하기 쉬운 구조가 된다. 이러한 의미에서도 브랜드나 상품 이미지를 호소하는 마케팅의 중요성은 더욱 커진다.

더욱이 시민의 생활방식 변화는 경제활동 전체에 더욱 큰 변화를 요구하기 시작했다. 시장이 성숙하고 경제활동이 포화기에 접어들면 소비자의 상품에 대한 지식이나 선택 기준은 고도화하고 다양화된다. 인터넷을 비롯한 정보환경의 진전이 이러한 경향에 박차를 가하였다. 이로 인해 상품 가치뿐 아니라 기업활동 전체에 대한 관심도 높아졌고, 앞서 언급한 소셜 마케팅의 필요성도 새롭게 인식하게 되었다.

여기서는 왜 이러한 소비자 생활방식의 변화가 일어났는지에 대해서는 자세히 다루지 않겠지만, 중요한 것은 실제로 변화가 일어났으며 이는 점차 가속화되었다는 점이다. 특히 생활방식의 다양화는 시장 요구의 다양화로 이어진다. 뿐만 아니라 포화 경제의 요구에 부합되지 않는 상품은 아무리 뛰어난 상품이라 해도 팔리지 않는다. 그리고 기업이라는 틀에 대한 의식이 희박해질수록 각각의 상품에 대한 평가는 더욱 엄격해진다. 이러한 환경의 변화에 대응해 팔 수 있는 상품을 만들기 위해서는 다양한 소비자의 욕구를 만족시킬 수 있는 상품 구조의 창출, 신속한 제공, 그리고 브랜드와 소비자 간의 확실한 신뢰관계 확보와, 향후 관리를 포함한 종합적 상품으로서의 라이프 사이클 매니지먼트가 요구된다.

결국 이를 뒷받침하는 것 역시 '마케팅'이라는 얘기다.

기술의 변화가 비즈니스를 바꾼다

지금까지 살펴본 변화의 배경에는 먼저 시장과 경제의 성숙, 포화라는 요소가 있었다. 그러나 이 정도까지 급속하게 변화했음을 설명할 수 있는 것은 바로 정보기술 곧, IT의 발전이다.

컴퓨터가 등장한 이후 약 반 세기 동안 IT는 실로 놀랄 만큼 고도화하고 발전하였다. 그러나 시민활동과 사회의식을 바꾸고, 기업의 태도나 진행과정까지 변화시키는 등의 큰 흐름은 최근 10년 간 이루어진 일이라 할 수 있다. 특히 최근 몇 년 사이 인터넷 환경이 발전하는 등의 움직임이, IT라는 말을 기술에서 사회 인프라에까지 변화시켰다는 것은 이미 앞에서도 언급한 바 있다. IT가 고도화되고 사회에 보급되면서 일어날 사회적 변화는 이미 오래 전부터 수많은 사람이 예측하고 분석한 일이었다.

여기서 중요한 것은 소니(주)라는 하드웨어를 생산, 공급하는 기업 입장에서 환경변화라는 것이 어떠한 의미를 갖느냐 하는 것이다. 왜냐하면 이러한 변화에 따라 하드웨어 자체의 의미까지도 크게 변하기 때문이다.

현재 진행중인 IT 및 IT 시장의 변화는 대체로 1995~96년에 하나의 전기를 맞아 가속되었다고 볼 수 있다. 큰 요인은 90년대 초반에 등장한 인터넷의 급속한 보급과 인터넷상에서 다루는 정보의 질적·양적 증대를 근거로 하는 새로운 통신기술(특히 정보 압축기술)의 등장일 것이다.

지금까지 회선 속도의 한계에서, 일반 시청이 가능한 품질의 음악이나 영상을 다루지 않은 인터넷 경유 통신환경이 압축기술의 발달과 통신 인프라의 발달 등에 의한 회선 속도의 향상에 따라 급속히 개선되었다. 즉 이 시기에 인터넷으로 음악이나 영상을 다운받을 수 있는 가능성을 엿볼 수 있게 된 것이었다. 이러한 기술 향상은 하드웨어가 갖는 의미에도 큰 변화를 가져왔다.

이 단계 이전에 하드웨어는 소프트웨어와 매우 밀접한 관련이 있었다. 예를 들어 어떤 영화의 소프트를 보기 위해 VTR를 구입하거나 밖에서 듣고 싶은 음악 CD가 있으면 CD 워크맨을 구입하는 식의 관계다. 그러나 음악이나 영상을 인터넷에서 공급할 경우, 충분한 용량의 기억 디바이스를 갖춘 하드웨어만 있으면 거기에 소프트 즉, 콘텐츠를 넣을 수 있다. 중요도에서 하드웨어는 서비스하는 콘텐츠와 인터넷을 따라갈 수 없다. 결국 하드웨어가 아닌 콘텐츠와 인터넷 하류에 하드웨어가 위치하는 식의 도식이 성립한다. 다시 말해 제품 비즈니스의 세계는 하드 비즈니스만으로 완결하는 세계가 아니며, 그것이 이 시대 최대의 특색이 된다.

소니(주)는 이른바 AV상품의 하드 비즈니스에서 IT 비즈니스로 뛰어들었다. 그리고 오늘날 컴퓨터만이 주역이 되다시피한 IT 비즈니스 분야에 AV가 주역이 되는 정보 연계의 방법을 제공한다는 이른바 AV-IT 전략을 펼쳤다. 이는 AV와 IT를 자연스럽게 연결하여 구사할 수 있는 환경을 제공함으로써 AV만, 또는 IT만으로는 할 수 없는 '새로운 즐거움'과 '새로운 즐거움을 누리는 방법'을 제공하여 더 큰 고객 만족을 실현하겠다는 전략이다.

뿐만 아니라 브로드밴드 시대의 소프트 유통 비즈니스 세계를 시야에 넣고 콘텐츠 비즈니스를 전개해 나가는 것도 잊지 않았다. 여기서 말하는 콘텐츠란, 각각의 소프트뿐 아니라 하드웨어의 애프터서비스나 상품의 라이프 사이클 매니지먼트에 직접적으로 연결한 상품 정보, 판매 정보까지 포함하는 것이며 나아가서는 소니와 사용자가 더욱 친밀한 신뢰관계를 조성하기 위한 장의 제공, 운영이

기도 하다. 이는 IT 발달이 소니(주)의 비즈니스 전략을 크게 변화시킨 것이며, 그에 따라 소니(주)는 신선하면서도 강력한 마케팅의 필요성을 절감했다는 것을 뜻하기도 한다.

도구도 인프라도 모든 것이 바뀌는 시대로

그렇다면 '신선하면서도 강력한 마케팅'을 SMOJ의 업무 전개 범위에서 본다면 어떻게 되는 것일까.

먼저, 시장의 성숙화라는 점에서는 '전통적인 AV는 이미 포화상태에 있다'는 인식이 기본 바탕에 깔려 있다. 다만, TV가 인터넷 단말기가 되는 등의 새로운 IT와의 접합에 의해 성장한다는 이야기나, 몇 가지 그려볼 수 있는 이미지도 있다. 그러나 어찌되었든 그 정도를 가지고 충분한 활성화를 이루기에 쉽지 않은 것은 당연한 사실이다.

한편, 소니(주)는 지금까지 워크맨이나 핸디캠 등의 새로운 상품으로 사회에 새로운 생활방식을 제공해 온 기업이다. 따라서 마케팅 섹션은 상품을 어떤 방식으로든 시장에 내보내고, 시장에서 인지도를 높여나가야 하는 역할을 담당한다. 그리고 포화상태의 성숙한 시장이나 새로운 변화를 예고하는 시장에서 활성화의 리더십을 갖는 것이 앞으로의 발전을 위해 더욱 중요한 사명을 띠는 것이다. 예를 들어 IT와 관련된 새로운 AV 시장에 관해서는 편리함이나 새로운 즐거움을 맛보는 방법 등을 사용자에게 어떻게 효과적으로 전달할 수 있을까, 하는 것이 최우선 과제가 된다.

소니(주)는 상품 제조를 담당해 온 기업으로서 기술 면에서 유리한 점이 있다. 그 점을 이용하여 소니(주)에서 하는 업무 가운데 시장의 변화를 예측하고, 새로운 테마를 시장에 내놓는 일은 시장에 가장 가까운 마케팅 부문이다.

오늘날 시장은 급속히 변화하고 있다. 이는 유례가 없을 정도로 빠를 뿐 아니라 양적 변화도 지금까지는 없는 것이었다. 한편, 제조업체도 기술의 발전에 따라 급속히 변화한다. 단, 그 변화의 빠름과 방향성은 반드시 소비자의 그것과 일치하지는 않는다. 이러한 상태에서 무엇보다 중요한 것은 시장에 가장 가까운 섹션이 시장과 더욱 밀접한 관계를 가지고 마케팅과 제품 제조가 일체가 되어 시장과 소비자를 파악하면서 그 양을 수정해 가는 일이다. 그러기 위해서는 마케팅 · 기획 · 설계 · 제조가 좋은 의미에서의 긴장감을 가지고 서로 대치하면서, 서로 책임을 자각하고 2인 3각을 이루어야 한다. 만약 제조 사업부의 의견만을 우선하거나 아니면 판매 · 마케팅만을 선두로 삼는다면 소비자의 욕구 변화에 적절히 대응해 나갈수 없다.

또한 좋은 의미에서의 긴장감은 마케팅이 시장과 소비자의 변화에 대해 더 민감하게 대처할 수 있는 가능성을 크게 한다. 마케팅에

서의 상품 제안, 비즈니스 제안을 통해 마케팅 관점을 살릴 수 있는
경우도 있다. 하여튼 제품 제조의 한 부분을 마케팅이 담당한다면
그것이야말로 앞으로 변화의 시대에서 살아남을 수 있는 길이라 해
도 지나친 말이 아닐 것이다.

그리고 이러한 마케팅이 사회 환경의 변화를 주도해 나갈 때 비로
소 업계의 주도권을 확실히 장악할 수 있다.

마케팅 이노베이션을 향하여

혁신을 위한 서곡

Sony's Marketing DNA

새로운 기업 'SMOJ'가 필요한 이유

1997년 4월 1일자로 발족한 소니 마케팅 주식회사(SMOJ)는 종업원이 4400명(2000년 4월 1일 현재)으로, 1999년 실적을 토대로 약 8300억 엔의 매출을 내고 있다. 그러나 SMOJ에는 단순히 이러한 숫자에서 표현한 규모와는 전혀 다른 차원의 커다란 마케팅 사상이 담겨 있다.

일본 시장의 소니 브랜드 제품의 마케팅, 판매를 총괄하는 새로운 회사로서의 SMOJ 발족을 보도한 소니의 뉴스 릴리스(1997년 1월 23일자)는 회사 설립 의도를 다음과 같이 기록하였다.

당사가 1996년 4월에 실시한 경영 기구 개혁에서 '회사 재편에 따른 사업부문 강화' '집행위원회 설치 등 전략 구축 기능의 강화'와 함께 이에 필적하는 최대 목표 중 하나로 삼은 '일원적 마케팅 체제 구축에 따른 영업부문 강화'를 부연하고 발전시키는 것이며, 주식회사제(制)를 근간으로 한 소니 전체의 사업 체제를 더욱 강화할 것을 의도하고 있다.

다시 말해 SMOJ는 사업 체제를 강화하기 위한 소니(주)가 영업 부문 강화를 위한 대책으로 표명한 '일원적 마케팅 체제의 구축'을 실현하기 위해 설립한 것이다. 어디까지나 목표는 사업 체제의 강화와 그에 따른 번영 확대이며, 그런 의미에서 조직 재편에 따른 위험 분산이나 재편성을 연상하는 일반 분사 독립과는 확실히 차원이 다르다. 초대 사장에는 당시 소니(주)에서 CMO(Chief Marketing Officer)로 전 세계 마케팅을 한눈에 볼 수 있는 위치에 있던 고테라 준이치(小寺淳一, 현 SMOJ 회장)가 취임했다.

SMOJ 발족 당시, 그리고 현재까지도 변함없이 유지하는 새로운 회사 설립 목표에 대해 고테라(小寺)는 다음과 같이 말한다.

"하나는 소니 마케팅으로 통합하여 마케팅 힘을 강화하는 것이며, 동시에 이익 책임을 더욱 분명히 하는 것입니다. 그리고 당연히 가격과 상품에 대한 발언력(發言力)이 있어야 한다는 의식을 높이는 데 주력하고 있습니다. (제품 제조에서 마케팅이) 시장에 가장 밀착되어 있으니까요. 적어도 지금까지의 연장선상이 아니라 소니(주)와의 관계를 고려해 제로베이스에서 다시 생각하면서 (SMOJ 구상을) 제안했습니다."

강력한 마케팅 파워 때문에 제로베이스에서 검토한 조직이 SMOJ이며, 이는 발족 당시 소니(주)가 생각할 수 있는 최고의 마케팅 조직이었다는 얘기다. 그렇다면 무엇 때문에 그렇게까지 강력한 마케팅 파워가 필요한 것이었을까?

SMOJ 전야

SMOJ가 필요한 이유 중 하나는, SMOJ 성립 전후의 제품 제조를 둘러싼 시장과 사회 환경의 변화라 할 수 있다.

먼저, 시장의 변화로 특징지을 수 있는 것은 AV 기기의 급격한 시장 쇠퇴와 이에 상반된 IT 시장의 확대다. 예를 들어 AV 기기 시장 규모의 정점은 1980년대 후반에 도래한 AV 붐이다. AV 관련 제품의 매출 실적은 1988년 2조 3500억 엔에 이르며 최고조를 이루었다. 그 후 서서히 하락하는 경향이 가속되면서 4년 후인 1992년에는 1조 5000억 엔까지 떨어졌다. 그 후 보합(步合) 상태를 유지하기도 했지만 시간이 갈수록 하향세는 계속되었고, 10여 년 새 실적 약 9000억 엔이라는 대규모 시장 수축이 일어났다.

반면 퍼스널 컴퓨터 시장은 놀랄 만한 기세로 계속 확대되었다. 최근 몇 년 간 거의 보합 상태이긴 하지만 그래도 약 2조 엔 규모의 시장을 형성한 것으로 알려졌다. 게다가 현재 휴대 정보 단말기의 대표격인 휴대폰은 자유화한 1994년 가입자 수가 무려 1000만 명에 이르렀다. 이후 급격히 증가하면서 현재는 4000만 명 이상, PHS까지 합해 5000만 명을 넘어섰다.

요컨대 시장 동향으로만 본다면 주류가 IT로 바뀐 전자산업계에서 AV 기기 비즈니스만으로 기업력을 확보, 확대해 가기에는 너무나 많은 문제가 있다. 이것은 AV 제품 제조가 살아남기 위해 새로운 비즈니스를 포착하는 것이 필수적일 수밖에 없는 이유기도 하다.(그림2-1)

소니(주)의 경영진에서는 이러한 동향을 일찌감치 인식하였고, IT에 도전하겠다는 뜻을 사장(당시) 이데이 노부유키(出井伸之)가 1995년에 밝힌 바 있다. 북미 시장을 시작으로 1997년 7월 '바이오'를 일본 내 시장에 선보이게 된다.

한편, 전기 제조업계, 즉 가전제품으로 통하는 업계 자체가 체질 변환을 하고, 메가 전자산업이라고 해도 좋을 만한 새로운 형태로 변모할 것이라는 사실도 동시에 예측하였다. 따라서 IT에 대한 도전은 단순히 퍼스널 컴퓨터 시장에 뛰어드는 것을 뜻하는 것이 아니었다. 이미 소니 경영진들의 인식에는 하드가 제각각의 독립형으로

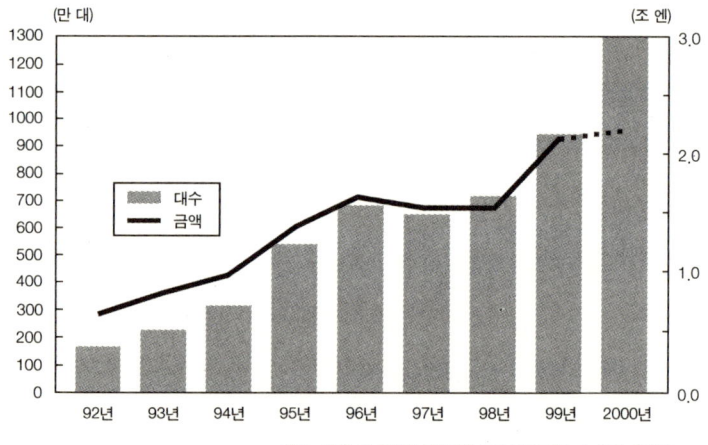

자료 : 일본 전자공업진흥협회 조사(2000년은 소니의 예상치)

〈그림 2-1〉 PC 시장의 동향

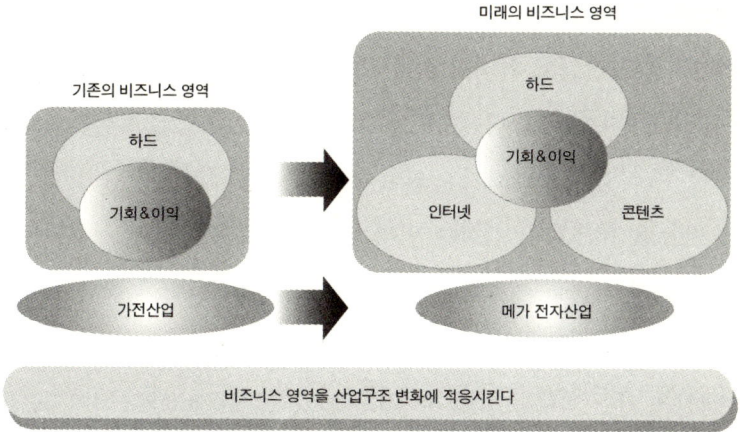

기존의 비즈니스 영역

하드

기회&이익

가전산업

미래의 비즈니스 영역

하드

기회&이익

인터넷

콘텐츠

메가 전자산업

비즈니스 영역을 산업구조 변화에 적응시킨다

〈그림 2-2〉 비즈니스 영역의 변화

는 성립할 수 없었으며 인터넷으로 비즈니스가 발생하는, 인터넷과 콘텐츠, 그리고 하드를 연결하는 부분에서 기회와 이익이 생길 것이라는 예견이 있었다.(그림 2-2)

　AV와 퍼스널 컴퓨터, 그리고 통신산업은 융합할 것이라는 인식이 바로 그것이다. 또한 물건 판매 이외의 비즈니스 확대로 소니(주)가 가진 하드웨어와 소프트웨어를 융합한 형태로 음악 전송, 콘텐츠 비즈니스 등의 다양한 서비스 비즈니스가 등장할 것이라는 인식도 함께 했다. 그러한 상황 아래에서 기존의 카테고리별 판매 체제가 제 기능을 할 수 있을 것인가 하는 의문이 들기도 했다.

　이뿐 아니라 이제 제조업체까지도 사용자와의 채널을 구축해야 하는 시대가 되었다. 고도 정보화 사회에서는 인터넷을 통한 판매가 고객과의 사이에 성립하게 된다. 또한 디지털 기술과 인터넷의 보급으로 사용자의 정보 입수 선택의 폭이 비약적으로 커진다. 이러한 상황 인식이 확대됨에 따라 사내(社內)에는 새로운 상품을 만들고 고객과의 커뮤니케이션을 이루며, 새로운 영업 방식을 창출하려는 움직임이 활발해지고 있다.(그림2-3)

새로운 비즈니스 기회를 먼저 차지함으로써 자력으로 시장을 창조하려면 과감한 시도를 할 수 있는 회사를 만들어야 한다. 근본적인 영업 개혁을 실현할 수 있는 조직, 일본 내 전자시장 모두에게 책임을 지는 회사를 만들어야겠다는 생각들이 SMOJ로 이어지는 마케팅 전략의 대개혁으로 연결된 것이었다.

갖가지 다양한 생각들이 SMOJ라는 형태로 결실을 맺기까지 겪어야 했던 우여곡절은 그리 어렵지 않게 상상할 수 있다. 소니(주)가 지금까지의 역사 속에서 시도해 온 여러 마케팅 구조나 방법론이

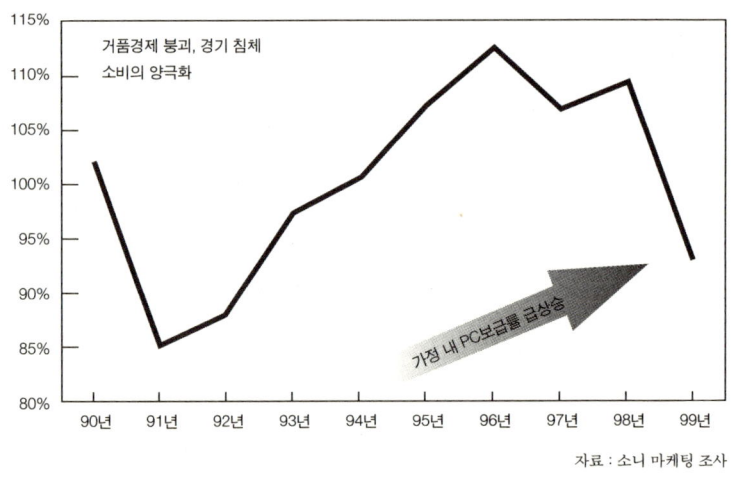

〈그림 2-3〉 일본 AV 기기의 시장(업계 전년 대비 추이)

검토되고, 새로운 회사로서 갖춰야 할 자세는 적어도 두세 번은 바뀌었을 것이다. 그러나 결론은 먼저 판매의 복잡한 채널 구조 속에 있는 여러 조직을 통합하는 일이었다.(그림2-4)

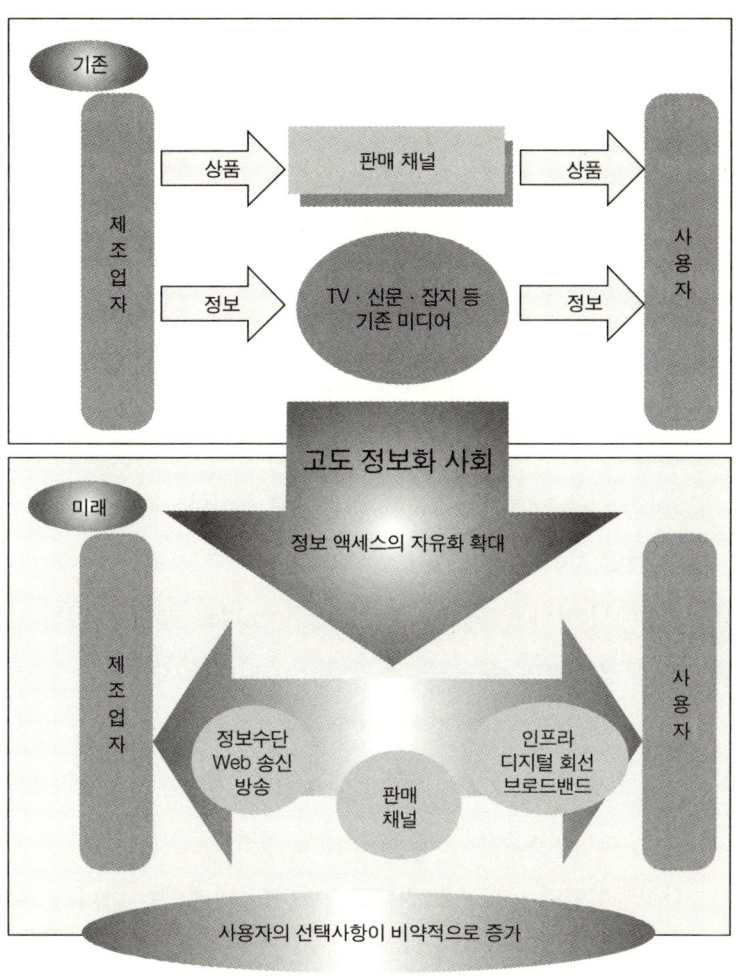

〈그림 2-4〉 **사용자와 판매 채널의 변화**

그리고 중요한 것은 지금까지와는 전혀 다른 새로운 회사를 세우고, 소니(주)에서 분리된 전혀 새로운 계획과 의사를 가진 회사에 지금까지의 일본 내 영업본부, 광고선전부, 8개의 판매회사 등이 결합한다는 사실이다. 단순한 자회사가 아니라 소니(주)와 대등한 입장에 서는 별도의 회사로서 말이다.

완전히 별도의 회사라는 형식에 구애받는 것은 소니(주)에서는 실현 불가능한 오퍼레이션 구조의 실행이나, 마케팅 국면에서의 브랜드 이미지 향상 등의 임무 추진이 불가결하다고 판단했기 때문이다. 따라서 SMOJ에서는 마케팅 파워를 강화해 일본의 전체 매니지먼트를 추진하는 일은 기본 임무가 되었다. 그러나 단순히 소니(주)가 생산한 하드를 판매하는 일뿐 아니라 일본의, 그리고 일본의 독창적 발상에 근거하는, 또한 고객의 시선으로 이루어지는 다양한 비즈니스를 창조하는 회사를 지향하게 된 것이다.

인상적인 것은 아직 IT라는 말이 없고 바이오도 세상에 나오기 전의 시점에서 이미 AV와 IT, 통신 등을 따로따로 말할 수 있는 시대는 아닐 것이라고 예측하는 통찰력이 있었다는 사실이다. 따라서 마케팅 전략에서 통신은 통신, AV는 AV식의 별도 방침대로 움직이는 것은 있을 수 없는 일이라고 판단하였다. 이들이 바로 SMOJ로서의 전략, 하나의 마케팅 테두리 속에서 행하는 것이 매우 중요하다는 사고방식이다. 즉 상품 카테고리마다의 마케팅이 아니라, 소니(주)의 상품과 관계하는 범위에서 모든 환경의 변화에 대응하는 판매 체제를 만들어야 한다는 이야기다.

채널을 재편할 필요성이 있었다

그러나 소니(주)는 마케팅 개혁에 착수하면서 몇 차례 쓴 경험을 해야 했다. 한때 마케팅 부대에서 소비자 입장에 선 종합적 전략을 짜지 못하고, 상품을 판매 채널로 내보내는 기능만으로 통합한 일이 있었다. 이 무렵 공교롭게도 1990년대 초반에 AV 기기 시장 수축이 업계를 강타하여 각 제조업체의 판매회사가 줄지어 큰 적자를 내는 위기상황에 처하였다. 그러나 이러한 사태는 그때까지 기술개발을 중심으로 한 소니 전체 의식이 마케팅을 중시하는 의식으로 전환한 분기점이었다고 할 수 있다. 그리고 이러한 관점에서 새로운 마케팅 전략으로 자사 판매망을 재편하고, 시장 중심의 비즈니스 기획, 상품 전략, 판매 전략에 치중하도록 했다. 그리고 IT의 진전과 새로운 비즈니스의 가능성을 예견함과 동시에 위험 의식과 시장환경의 변화에 대응하면서 앞서가는 마케팅을 지향하였다.

현 SMOJ 회장 고테라 준이치는 SMOJ 설립 당시를 다음과 같이 회고했다.

"처음에 이데이(出井, 현 소니(주) 대표이사. 회장 겸 CEO)에게서 '마케팅 전문 회사를 만들어 보면 어떨까' 하는 구체적인 이야기를 들은 것은 1996년에 CMO(Chief Marketing Officer) 직함을 받아 일본과 해외를 오가면서 업무를 보던 때였습니다.

단, SMOJ와 같은 회사의 가능성은 일본의 숙제를 해결하는 수단으로서 유효하다는 식의 사고방식은 그 전년도쯤에, 내가 업무용 시스템 회사 사장으로 일한 시절부터 이미 이데이 주변에서 나온 것이었습니다. 소니 마케팅 구상이라고나 할까, 아니 소니 재팬 (Sony Japan)의 구상이라고 하는 게 맞는 표현이겠군요."

고테라는 이 무렵, 반대 의견을 표명한 것으로 알려졌다. 그것은 제품 제조와 마케팅 사이에 틈이 생길 수 있다는 견해에서 비롯한 것이었다.

"소니(주)에서는 최선을 다해 제품을 만든다. 파는 입장…… 곧 현재 SMOJ에서…… '이것은 팔지 않겠다'고 거부한다. 그런 상황이 된다면 여러 문제가 발생하지 않을까 하는 우려 때문에 반대했던 거죠."

고테라는 당시, 소니(주) 모회사에도 적을 두고 있었기 때문에 상품을 판매하는 과정에서 생기는 문제 발생에 매우 민감했다. 그렇다면 왜 SMOJ를 만들 생각을 했을까.

"그 후 마케팅 담당으로서 모든 임무를 맡고 나니까 일본 내 영업의 문제점에 대해 뭔가를 생각하게 되었습니다. 그 전에 어째서 이데이가 소니 재팬이나 소니 마케팅을 만들자고 했을까……그 이유 중 한 가지는 이데이나 오가(大賀) 모두 소니(주)의 경영자 입장에서 세계 시장을 월드 와이드(World Wide) 시각으로 보았다는 것입니다. 소니 아메리카나 소니 유럽, 소니 홍콩 등에 각기 사장을 두었고, 그들은 온종일 그 나라 시장을 지켜보고 있습니다. 그런데 일본 시장 전체를 풀타임으로 지켜보는 사람은 없었던 것이죠. 결국 그런 의미에서의 '소니 재팬'이 필요하다는 판단이 섰던 겁니다."

소니(주)의 비즈니스는 세계 규모다. 고테라에 따르면 해외 오퍼레이션으로는 상품 기획에서 가격 책정까지 사업부와의 사이에서 '굉장히 엄격한 거래'를 하였다고 한다. 고테라 자신도 미국에서 판매나 제조에 모두 종사했던 경험이 있으며, 이데이 역시 유럽이나 사업부에서의 경험을 가지고 있다.

"그 경험에서 생각해 보면 '어쩐지 일본 내 영업은 사업부에서 시키는 대로만 하는 게 아닌가' 하는 인상이 남아 있었습니다. 이데이 특유의 말을 빌리자면 '가격 결정권도 없는 영업 따위가 어디 있는가' 라는 것이었죠."

일본 시장을 풀타임으로 지켜볼 섹션의 필요성, 그리고 일본 내 비즈니스의 확대 이 두 가지가 SMOJ 탄생의 동기가 된 큰 포인트라고 할 수 있다. 그리고 실제로 SMOJ를 성립시키는 단계에서 주의했던 것은 채널 재편을 포함한 마케팅 방식 전체의 구조 개혁이었다.

"내가 임무를 맡았을 무렵, 일본 내 사업은 제조에서 판매까지의 연결 상태로 볼 때, 상품마다 흑자나 적자가 있었지만 전체적으로는 적자 상태였습니다. 역시 한 번은 흐름을 끊어 영업에 자기 책임을 갖도록 하는 등의 의식 개혁이 필요하다고 판단하게 되었죠. 결국, '자! 별도의 회사를 한번 만들어 봅시다' 하는 이야기가 나오게 된 겁니다."

1996년에는 1년 간의 준비 기간을 두고 SMOJ 구조 모색에 나섰다. 현 SMOJ 사장인 하야시 마사히로(林誠宏)나 사와다 토시하루(澤田敏春), 그리고 기획 부문 담당자들까지 참가하여 SMOJ로서 갖춰야 할 체제와 설립까지 확실히 해두어야 할 요건 등을 충분히 검토하면서 96년 후반에 준비를 마치고, 그 해 11월 14일에 회사 설립 프로젝트를 시작하였다. 그 후 소니(주) 경영회의를 거쳐, 1997년 4월에 SMOJ는 정식으로 출발하였다.

마케팅을 변화시킬 시스템을 도입하다

마케팅 혁명 – SMOJ의 목표와 계획

설립 이전부터 검토해 온 SMOJ의 임무는 기본적으로 일본 시장의 통괄이다. 최대 목표는 일본 비즈니스 확대 강화를 위한 마케팅의 스피드업과 매니지먼트를 중시한 개선에 있었다. 어쨌든 전략과 행동을 시장에 도입하는 속도를 최대한 빠르게 하는 일, 그리고 시장과 직결하는 일이 시급했다. 그러기 위해 사내의 인터넷 인프라 정비 등에 따른 정보 전달 스피드를 가속화할 시책을 강구하였다.

스피드업은 앞으로의 환경을 선도하고 새로운 비즈니스나 새로운 구조를 창조하기 위한 필수 불가결한 요소다. 그러나 그 전부터 현장 담당 수준에서 처리하는 의사결정과 시책 도입의 신속하지 못함은 큰 문제가 되었다.(그림2-5)

그 원인 중 하나가 영업 구조의 복잡함에 있다고 할 수 있다. 일본 내 영업 본부가 있고 판매회사가 있으며 판매점이 있다. 그리고 기

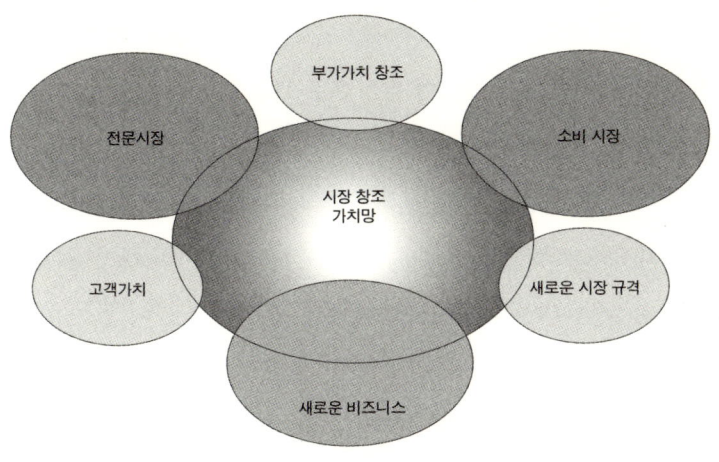

전문시장

부가가치 창조

소비 시장

시장 창조
가치망

고객가치

새로운 시장 규격

새로운 비즈니스

〈그림 2-5〉 SMOJ의 비즈니스 영역과 가치관

존 방식을 보면 판매회사가 몇 개씩 나누어져 있는 것을 알 수 있다. 강한 매니지먼트는 빠른 의사결정 전개가 가능하나 조직을 단순화하지 않으면 비즈니스의 빠른 전개는 기대하기 어렵다. 이러한 이유로 판매와 마케팅 부대를 하나의 조직으로 삼고, 하나의 매니지먼트를 토대로 활동함으로써 전체 스피드 향상을 꾀하였다. 또한 이러한 종적(縱的) 중복 배제에 맞춰 AV나 퍼스널 컴퓨터, 통신이 제각기 횡적(橫的) 제휴가 거의 없는 상황도 철저히 배제했다.

한편, 독립한 기업으로서의 출발은 기존의 판매회사 중 일부가 연결대상에서 제외되면서 생긴 마이너스 측면, 즉 어느 정도 무리하더라도 그것을 영업에서 메워주는 일을 불식하고 경영 면에서도 책임을 갖고 소니 그룹의 일원으로서 이익 책임을 다할 것을 추구하였다. 이는 매출뿐 아니라 비즈니스 활동 면에서도 좋은 평가를 얻었고, 브랜드 영역 향상에 기여하는 면도 적지 않았다. 자기 책임을 가진 마케팅 섹션이 스스로의 발상으로 새로운 전략을 종횡으로 구사할 수 있는 환경이 이루어진 것이다.

물론 이러한 방향성에 대해 의문을 제기하는 사람도 많았다. 그 점에 대해 SMOJ 회장 고테라 준이치는 다음과 같이 이야기한다.

"당시의 소니 계열사의 대표들에게서 '정신적 저항이 있는' 소리를 많이 들었습니다. 즉, 분리에 대한 우려 같은 것이었죠. 그때까지 세계적 움직임은 제조와 판매를 동시에 진행하는 추세였는데, 왜 이런 흐름을 끊어버리는 걸까, 하는 의문에서 비롯한 것이었습니다. 그러나 온라인으로 연결되어 있는 제조와 판매 시스템 등은 쉽게 바뀌거나 중단되는 것이 아닙니다. 단, 비즈니스의 책임을 지고, 무엇보다 시장의 입장에 서는 일은 같은 회사 내에서는 성립하기 어렵습니다. 그리고 시장이라 해도 소비자의 반응에 더욱 민감한 회사가 될 것을 지향한 이상, 독립은 필수였습니다. 사업부 입장에 서면 아무래도 만드는 측의 논리가 성립하지 않는다고는 볼 수 없기 때문이죠."

반복한 논의 끝에 반대의견도 종식시키고, SMOJ는 소니(주)와 동격의 마케팅 회사가 되었다.

"그 결과 매우 잘된 점이 많습니다. SMOJ 설립 전 일본 내 영업본부는 소니(주)에 속해 있었고, 반면 판매회사는 상품 베이스나 채널 베이스, 또는 여러 별도의 회사로 전개하였습니다. 따라서 지향할 점이 반드시 한 가지는 아닌 것이었죠. 판매회사에서는 시장 점유율 목표나 여러 목표가 주어진다 하더라도 궁극적으로는 자신의 이익에도 책임져야 합니다. 그렇게 되면 소니(주) 내 영업본부측이 사업부와 함께 '판매 계획을 상향 조정할 수 있도록' 요청해도 이 경우에는 자회사지만 다른 사람의 얘기가 됩니다. 이전에는 소니(주)와 판매회사가 친자 관계인지 다른 사람인지, 아니면 친척 관계인지 책임 소재가 매우 애매했습니다. 이제 그러한 문제는 모두 하나의 회사로 통합했기 때문에 더 명확해졌습니다."

고테라는 마케팅 파워를 강화함과 동시에 이익 책임을 확실히 하여 가격정책 등 상품 발언력에 대한 인식을 높이려는 목표를 SMOJ 설립에서 실현했다.

간단하고 신속한 움직임을 목표로

SMOJ라는 새로운 마케팅 회사에는 소니(주)가 지금까지 만들어 온 마케팅 역사에서 이룬 노하우가 충분히 담겨 있다. 그 중에서도 오퍼레이션 구조나 체제 면에서는 획기적인 점을 발견할 수 있다.

소니(주) 사보에 SMOJ의 발족에 대한 안내가 다음과 같이 나와 있다.

새로운 체제에 의해 사업전략 입안에서 판매에 이르기까지의 모든 업무를 지역 마케팅 관점에서 상품 분야의 틀에 매이지 않고 일원적으로 통괄할 수 있게 되었고, 일본 내 시장의 더 나은 사업 확대를 기대한다는 점과 새로운 마케팅 발상에 근거한 시장 창조 제안을 적극적으로 전개할 것이라는 내용이다. 또한 1999년 3월 29일 자에서는 SMOJ의 인사기구 개혁, 특히 이사회의 개혁과 집행 간부제의 도입을 보도한 뉴스 릴리스에서 SMOJ의 매니지먼트 체제가 '다가올 디지털화, 인터넷화의 빅뱅에 대비해 변화를 선도하는 영업 발상으로 비즈니스를 적극적으로 전개해, 앞으로의 성장을 이뤄 갈 것이라는 점에서 제안하였다'는 내용을 강조한다. 여기서 발표의 요점은 인사 기구 개혁을 보도하는 데 있지만 이러한 '변화를 선도하는 영업 발상에 따른 비즈니스 전개'를 목표로 하는 매니지먼트 체제 자체는 SMOJ의 오퍼레이션 구조의 성격을 단적으로 보여준다.

여기서는 이러한 목표를 구현하기 위해 편성한 SMOJ의 오퍼레이션 구조에 대하여 몇 가지 포인트를 살펴보기로 한다.

SMOJ의 조직을 결정할 때 주된 목표는 다음과 같다.

① 마케팅—판매 기능의 일체화에 따른 기동적 사업 운영

② 계층이 적은 조직에 의한 신속한 의사 결정

③ 상품분야의 틀을 넘어선 제휴 강화

④ 기획·후원의 기능, 그리고 사업전략을 입안하는 기능의 통합·강화

이러한 관점에서 편성한 조직은 다소 변경된 부분도 있지만 현재 상품 분야별로 8개의 마케팅 본부와 하나의 영업본부, 판매를 담당하는 전국 11개 지사와 34개 지점 및 각종 영업소에서 전개한다. 또한 영업 추진 본부, 그리고 기획/관리나 지원을 담당하는 경영 기

획, 인사 총무, 선전 광고, e마케팅 센터 등의 각 부문으로 이루어져 있다. 이들은 마케팅과 판매의 2대 섹션으로 분류할 수 있으며, 동시에 각각의 횡단적 섹션도 만들어졌다.

이 조직의 최대 특징은 조직구성에서도 알 수 있듯이, 계층이 없고 평면적이라는 점에 있다. 지사 산하에는 지점 34개소를 전국에 배치했지만 실제로는 34개 지점이 실질적인 지역 단위로서 기능하였으며, 영업활동상의 정보는 지사와 같은 계층에 있고 평면적인 매니지먼트를 실현하였다. 이 마케팅 기능과 판매 기능은 날실(상품 카테고리 매상 책임)과 씨실(지역 매상 책임)이 되어 '영업'이라

설립취지	■ 소니(주)의 영업 기능을 이관(移管)하고 새로운 오퍼레이션 구조를 구축한다. ■ 분사하여 제2 창업의 기둥이 되는 가장 이상적인 회사를 만든다. ■ 원칙적으로 소니(주)가 창조하는 모든 소니 브랜드 제품을, 일본 내에서 책임을 다하는 체제를 만든다.
비전	■ 자기 완결 운영의 Marketing Company ー담당하는 일본 내 모든 비즈니스 마케팅에 권한이 있으며, 이익 책임을 다한다. ー계속적인 이익 창출과 브랜드 이미지 향상에 공헌하고 소니 그룹 마케팅의 모범이 된다.
사명	■ 마케팅 파워의 강화 ■ 일본 내 판매권 전체의 매니지먼트 추진 ■ 지역 발상에 근거한 비즈니스 개발
목표	■ 소니(주)에서는 불가능한 과감한 기획과 새로운 비즈니스 시도 ■ 연결 P/L, 소니의 이미지 향상에 공헌

〈표 2-1〉 SMOJ의 설립 구상(1996년 가을 승인)

는 이름의 아름다운 직물을 만들어 내는데, 이것이 SOMJ 매니지먼트의 최대 특징이 되었다.

마케팅 본부는 어느 지역에서나 담당하는 상품 카테고리의 매상 책임을 가졌으며, 한편 지역을 담당하는 지사와 지점은 그 지역의 매상 책임도 함께 진다. 제각기 책임을 다하려는 노력이 종이로 가늘게 꼬아놓은 끈처럼 서로 얽혀 비즈니스를 강화하는 구조를 만든다. 물론, 거기에는 강력한 경영진의 매니지먼트와 그에 호응하는 중간 매니지먼트가 조화를 이루어 업무를 수행할 필요가 있다는 것은 두말할 나위도 없다.(표 2-2)

순풍이 불다

SMOJ에 순풍이 분 적이 있었다. 1996년에 소니(주)는 설립 50주년을 맞았다. 이 무렵 시장에 직결한 판매점에서 '소니는 상품력이 많이 떨어졌다'는 지적을 받았다고 한다.

"예를 들면 TV에서는 도시바(東芝)가 최초로 두 개의 화면을 만드는 데 착수하였고, MD의 휴대용 TV(Portable TV)도 샤프측에서 매력적인 제품을 가지고 나온 상황이었습니다."

그러한 상황에서 1996년 8월경부터 50주년 모델로서 회사 전체의 사활을 건 프로젝트로 출시한 강력한 상품을 시장에 대량 투입한다. 그리고 1996년 말에는 평면 TV의 1호기가 등장했다. 이러한 새로운 상품 투입으로 인해 지금까지의 역풍에서 순풍으로 방향을 바꾸었다. 마침 SMOJ는 출발 직전 상품력을 크게 회복하기 시작한 상황이기도 했다. 그리고 1997년 7월, 바이오를 출시하였다. 미국 시장에서의 데스크톱 발표보다 1년 늦게 일본 컴퓨터 시장에 뛰어 들었는데, 이때 소니의 소형 성능에 대한 시장의 기대감을 고려하

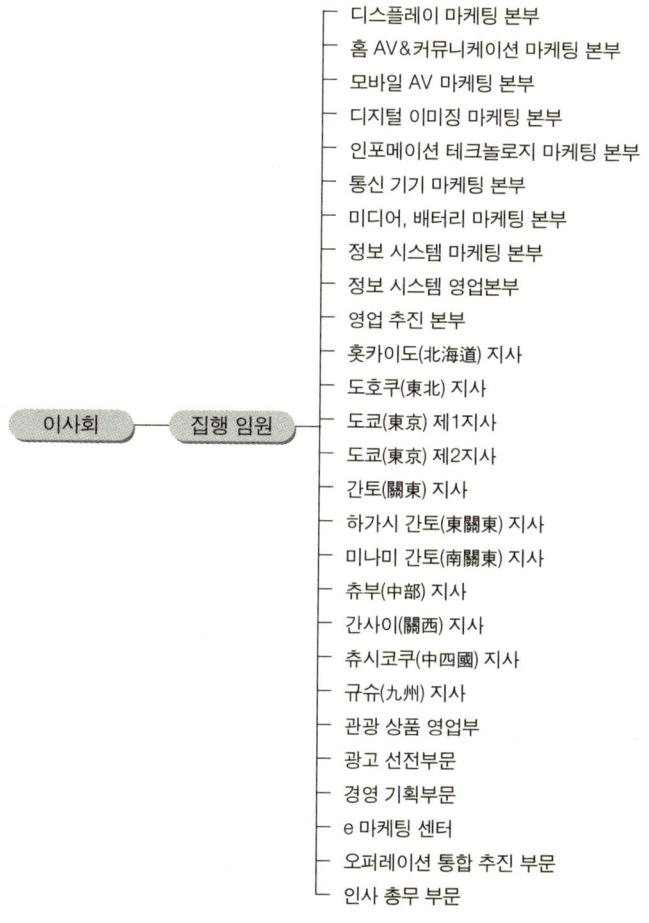

디스플레이 마케팅 본부
홈 AV&커뮤니케이션 마케팅 본부
모바일 AV 마케팅 본부
디지털 이미징 마케팅 본부
인포메이션 테크놀로지 마케팅 본부
통신 기기 마케팅 본부
미디어, 배터리 마케팅 본부
정보 시스템 마케팅 본부
정보 시스템 영업본부
영업 추진 본부
홋카이도(北海道) 지사
도호쿠(東北) 지사
이사회 ─ 집행 임원 ─ 도쿄(東京) 제1지사
도쿄(東京) 제2지사
간토(關東) 지사
하가시 간토(東關東) 지사
미나미 간토(南關東) 지사
츄부(中部) 지사
간사이(關西) 지사
츄시코쿠(中四國) 지사
규슈(九州) 지사
관광 상품 영업부
광고 선전부문
경영 기획부문
e 마케팅 센터
오퍼레이션 통합 추진 부문
인사 총무 부문

〈표 2-2〉 SMOJ의 조직 구성(2000년 10월 1일 현재)

여 일본 내에서는 데스크톱과 노트북을 동시에 발매하였고, 11월에는 B5판 사이즈 노트북까지 선보였다.

바이오의 시장 도입에서는 소니에서 가장 경쟁력이 있는 AV분야의 이미지를 살리고, 컴퓨터를 통해서 AV기술을 강조하는 전략을 취했다. 선전광고에서도 프로세서의 속도나 메모리 용량을 강조하기보다는, 사용상의 편리함을 소비자들에게 알리는데 역점을 두었다고 한다.

그 결과 B5사이즈의 노트북 바이오가 엄청난 판매실적을 거두었고, 마케팅의 성공이 주목받기 시작했다. 이렇게 하여 SMOJ는 예상이상으로 순조롭게 마케팅 세계의 항해를 시작한 것이다.

3

SMOJ 비즈니스의 노하우

SMOJ 1000일 간의 비즈니스

Sony's Marketing DNA

SMOJ 비즈니스의 전개

　SMOJ가 전개해 온 3년 간의 비즈니스는 숫자상으로 그리 큰 성과를 거두지는 못했다. 그러나 이것은 일본 경제의 신장이 '전체적으로 동결상태라는 점을 감안한다면 매우 큰 성공이라 할 수 있을 것이다. 그렇다고 해서 모든 제품 카테고리의 모든 마케팅이 순조롭게 진행되는 것은 아니며, 그나마 상향곡선을 그릴 정도의 성과를 거둘 수 있는 것은 배후에 직원들의 숨은 땀과 노력이 있었기에 가능했다는 것은 부인할 수 없는 사실이다.

　SMOJ 회장 고테라 준이치(小寺淳一)는 SMOJ의 지금까지의 활동에 대해 다음과 같이 평가하였다.

　"주식도 올랐고 이익도 내고 있습니다. 이익은 SMOJ 내에서뿐 아니라 제조를 포함한 일본 내 대상 비즈니스에서도 제조에서 판매에 이르기까지 연결된 이익률까지 증가하는 추세에 있습니다. 또한 바이오도 대성공을 거두었습니다. 업적 면에서는 매우 잘 된 일이라고 생각하며, (오퍼레이션도) 전반적으로는 대략적인 계획대로 움직인다고 판단하고 있습니다.

그러나 그 반면, 내 입장에서 너무 욕심을 부리는 건지 모르겠지만(웃음), 손을 대지 못한, 또는 손을 대봤지만 성과를 거두지 못한 느낌이 드는 부분이 두 가지 정도 있는 것도 사실입니다."

하나는 '마케팅 파워를 정말로 충분히 발휘했는가?' 하는 것이라고 한다.

"바이오 관련 마케팅은 일본에서는 매우 잘 되었고, 나름대로 의미 있는 비즈니스가 되었습니다. 미국에서 최초로 성공을 거두었을 때와 비교하면 잘했다고 말할 수 있습니다. 그러나 이른바 AV부문은 마케팅 회사로 100점을 주기에는 아직 이르다는 생각이 듭니다. 베가로 TV의 시장 점유율이 확대된 것에 대해서는 좋은 평가를 내릴 수 있습니다. 그러나 이것은 어쩌면 제품의 덕을 봤거나 제품의 이점을 잘 살린 결과로도 볼 수 있습니다. 이런 점에서 마케팅 회사로는 아직 멀지 않았나 싶은 것이 제 견해입니다."

물론 제품 마케팅에서 제품의 이점을 효과적으로 이용하는 것은 기본 중의 기본일 것이다. 하지만 제품의 이점에 의존하다 보면 아무래도 불충분할 수밖에 없다는 이야기다.

뿐만 아니라 기업 규모에서 생각한 수익률에 대해서도 고테라는 "아직 멀었다"는 엄격한 평가를 내린다.

"일본 시장 전체나 업계 전체의 틀로 보자면 그 중에서는 단연 선두가 될 수 있다고 생각합니다. 그러나 역시 1인당 매출을 따져보면 효율적이라고 보기는 어려울 것 같습니다. 꼬집어 말하면 판매 조직의 체질 강화 부분이 아직은 부족하다는 생각입니다."

고테라가 지적하는 문제점은 창립한 지 3년밖에 안 되는 기업에게 너무 엄격한 것이 아닌가 하는 인상을 줄 수도 있다.

　그러나 그 말은 바꿔놓고 생각해 보면 소니(주)가 일본 내 마케팅에 얼마나 힘을 쏟았는가를 다시 한번 느낄 수 있으며, 동시에 더 강력한 마케팅 조직을 지향하였다는 SMOJ의 의지를 재확인한 셈이기도 하다.

　여기서는 SMOJ의 대표적인 몇 가지 마케팅 전략을 각 제품의 관점에서 살펴보고, SMOJ가 보유하는 현재 마케팅 파워와 SMOJ가 지향하는 더 강력한 마케팅 방식에 대해 생각해 보기로 한다.

제품 차별화와 새로운 가치 제안으로 시장 창출 - 핸디캠

소니 캠코더의 역사

　일반용 비디오 카메라 레코더(이하, 캠코더)에는 다양한 포맷의 미디어가 수없이 많다. 하지만 한 손으로 찍을 수 있는 콤팩트 크기라는 점에서 역시 1985년에 등장한 8mm 비디오 규격이 갖는 의미는 크다. 베타 대(對) VHS 경쟁에서 고배를 마신 소니지만 8mm 비디오는 대항할 VHS-C와 비교해 볼 때 녹화 시간에서 앞서며 최종적으로는 '콤팩트 캠코더 = 핸디캠'이라는 이미지를 시장에 정착시키기에 이르렀다.

그 후, 1989년부터 출시한 Hi8 대(對) S-VHS-C 경쟁과 여권 크기의 도입 등을 거쳐 핸디캠은 최고의 시장 점유율을 확보하였다. 최근 들어 디지털화의 혜택으로 고화질의 소형화한 고품위 모델뿐 아니라 가족이나 청소년의 특색에 맞게 선보인 합리적인 모델 등 다양한 사용자 요구에 대응하는 폭넓은 라인업을 전개하며 오늘날에 이르고 있다.(사진 3-1)

한편, 시장 관점에서 보면 캠코더 업계는 AV 업계의 매출 전년비 율을 웃도는 형태로 추이되었다. 1995년에 디지털 비디오를 출시한 이후에는 신규 수요 확대로 인해 더욱 신장하였고, 최근 몇 년 간은 약간 주춤하는 경향을 보였지만 여전히 부진하다는 평을 받는 전 AV 업계에서 기염을 토하는 존재로 자리매김하며 업계를 리드하고

〈사진 3-1〉 2.5형 액정 모니터 탑재 디지털 비디오 카메라 DCR-PC 110

있다. 또한 금전적인 비즈니스 규모가 확대되었을 뿐 아니라 부수적인 주변 비즈니스, 예를 들어 퍼스널 컴퓨터 접속 기기나 액세서리 종류도 더불어 확대되었으며, 캠코더를 둘러싼 비즈니스는 더크게 확대되었다고 할 수 있다.

이러한 시장에 대해 소니는 최고급품에 속하는 디지털 비디오(DV) 및 8mm와 상위 호환 가능한 디지털 8을 비교적 저렴한 가격대로 설정하여 수요를 확보함으로써 안정된 비즈니스와 시장을 확보하였다.

다시 말해 핸디캠 마케팅은 기본적으로 8mm 규격이 갖는 우위성을 살린 제품을 기획하고 그것을 명쾌한 컨셉트로 승부를 건다. 예를 들면 'It's passport size' 등으로 표현한 마케팅이 놀랍게도 합치하여 시장 점유율을 확대시켰다는 엄청나기까지 한 성공 사례가 그것이다.

SMOJ에서 핸디캠 마케팅을 담당한 후세 요시아키(布施嘉昭, 퍼스널 비디오 마케팅부)는 이러한 성공적 흐름에 대해 다음과 같이 피력했다.

"1990, 91년 무렵까지는 라이벌과의 시장점유율 경쟁이 거의 백중세를 유지했지만, 샤프가 '액정 부착'이라는 새로운 특징을 제시하면서 점차 열세에 놓였습니다. 그 후 12시간 연속 촬영 '스태미나 핸디캠' 등의 전략으로 서서히 만회하면서 1995년에 디지털 비디오를 내놓았고, Hi8, 디지털 8 후속형으로 그 세력을 넓히기 시작했습니다. 출하 대수에서는 1990년에 179만 6000대라는 업계 출하의 피

크를 기록하였고, 이후 약간 주춤하였으나 매출은 상승하는 경향을 보였습니다."

핸디캠 이용자를 알면 새로운 전략이 보인다

마케팅 성공의 기본이 시장 요구를 파악하는 데 있다는 것은 두 말할 필요도 없는 사실이지만 SMOJ는 어떤 방법으로 핸디캠 이용 자의 유형을 파악한 것일까? 또한 이용자 유형을 어떤 시각으로 보 는 걸까?

"고객의 기본적인 데이터베이스로는 캠코더를 살 때 매뉴얼에 들 어 있는 '애용자 카드'를 이용하여 설문서를 집계한 데이터 베이스 가 있습니다. 또한 최근에는 이용자 대상 인터넷 홈페이지를 개설 하고, 고객 등록을 받는 고객과의 커뮤니케이션을 인터넷을 통해 주고받을 수 있도록 하였습니다. 이것은 시장의 요구라기보다는 고 객의 생생한 소리에 귀를 기울이는 하나의 도구로 작용합니다. 물 론, 일반 조사 회사에 의뢰하여 인지도나 호감도 등도 조사하였으 며 특정 사용자 리서치를 비롯하여 상점 판매 경유나 각종 이벤트 로도 조사를 실시하였습니다."

단, 이러한 조사 결과를 제품 기획에 직접 이용하는 일은 소니의 경우 거의 없다고 한다. 시장 조사는 어디까지나 마케팅을 위한 기 초 정보일 뿐이다.

"그런 데이터베이스 가운데서 볼 수 있는 하나의 예로, 최근의 구매 경향에는 신규 구입보다 역시 '쓰던 제품을 바꾸거나 추가로 구입하는' 경우가 60%에 가깝습니다. 그러므로 지금까지 사용해 온 상품에 대한 강한 불만이나 요망을 가진 사용자에 대해 '이번에는 이렇게 발전했습니다, 이렇게 되었습니다' 는 것을 분명히 알리는 마케팅이 중요해진다는 것입니다."

또한 이밖에도 최근의 애용자 카드를 보내온 사용자 중 80% 정도가 컴퓨터를 소유하고 있다고 한다. 물론 이 숫자는 엽서를 다시 보내는 것을 귀찮게 여기지 않는, 비교적 소니에 호의를 가진 사용자라는 점을 감안할 때 퍼스널 컴퓨터 소유율은 사용자 전체의 그것보다는 높아진다고 볼 수 있다.

"실제로 (퍼스널 컴퓨터를) 가진 사람은 캠코더를 구입한 고객의 절반 가량이라 볼 수 있습니다."

하지만 퍼스널 컴퓨터의 일반 보급률이 대략 30% 정도라는 점을 생각하면 캠코더 사용자의 퍼스널 컴퓨터 보유율은 높은 편이라 할 수 있을 것이다. 뿐만 아니라 설문서에 나타난 '무엇을 보고 이 상품을 알게 되었나' 라는 질문에 대한 응답 가운데 최근에는 홈페이지라는 답이 눈에 띄게 많아졌다고 한다.

"새로운 모델에서는 이 수치가 더 높아졌습니다. 그러므로 고지 방법도 그런 방향(인터넷이나 퍼스널 컴퓨터 관련 매체를 의식하는 등)으로 전환하였습니다."

이러한 캠코더 사용자의 퍼스널 컴퓨터 보유율이 높다는 점에서 새로운 마케팅의 방향성을 읽을 수 있다. 캠코더와 퍼스널 컴퓨터의 자유로운 영상 데이터 교환 환경이나 접속 환경을 통일하고 또한 접속함으로써 얻을 수 있는, 기존에는 없는 새로운 재미와 그 재미를 즐기는 방법을 제안하여 보유한 컴퓨터를 바꿀 때 소니 제품을 선택할 수 있도록 하는 마케팅이며, 이것이 소니가 '끊임없는 즐거움'으로 현재 제시하는 'AV-IT' 전략 마케팅이다.

캠코더에 메모리 스틱의 슬롯을 설치해 메모리 스틱에 축적한 화상 데이터를 그대로 바이오 등의 퍼스널 컴퓨터로 주고받는다. 퍼스널 컴퓨터에서의 화상 편집이나 특수 효과 등의 가공, 타이틀링으로 지금까지는 불가능한 고화질 비디오 편집이 더욱 쉬워진다.

이것은 거꾸로 보면 퍼스널 컴퓨터 사용자 가운데 새로운 캠코더 이용자를 확보하는 것으로도 이어진다. 캠코더가 퍼스널 컴퓨터와의 친화성을 어필함으로써, 퍼스널 컴퓨터로 캠코더를 가지고 있지 않은 층을 겨냥한 홍보를 펼친다.

차별화 전략과 아날로그에서 디지털로의 교체 전략

현재, 소니 브랜드로 출시한 가정용 캠코더 제품 라인업에는 크게 두 가지 단면이 있다. 소형 경량을 선호하는 사용자에게는 여권 크기의 PC 시리즈가, 쓰기 편리한 제품을 좋아하는 사용자에게는 스태미나 TR 시리즈가 있다. 여권 크기의 시리즈는 1989년에 아사노 아츠코(淺野溫子)를 기용한 TV 광고(TR55) 표현방법에서도 알 수 있듯이 간편한 휴대를 철저히 알렸고, 여행이나 비즈니스 도구로서의 이점을 전면에 부각시켰다. 한편, 스태미나 시리즈는 육아나 자녀 성장기록, 가족 생활기록 등의 가족과 청소년을 강하게 의식해 지금까지 이 계층에서 제시한 '배터리가 너무 빨리 소모된다' 는 불만을 해소함으로써 간편한 작동법과 함께 가벼움과 산뜻함까지 소비자에게 어필하였다.

물론 TV 광고를 비롯한 캠페인에는 입학식이나 운동회 등의 장면과 함께 가족과 청소년을 연상시키는 인물이 등장한다. 제품명을 만드는 일에서 선전에 이르기까지 확실한 차별화를 선언한 마케팅 전략이다.

이러한 차별화 전략의 배경에는 소니가 디지털 비디오 장르에서 얼마 차이 나지는 않지만 후발기업이라는 점이 크게 작용하였다.

"아날로그와 디지털이라는 점의 차별화에서는 모든 사용자층을 대상으로 하는 풀 라인업을 형성하는 사고방식이 있습니다. 라인업의 폭을 넓히는 뜻에서 아날로그와 디지털이 갖는 각각의 장점을 이용하는 겁니다. 단, 1995년 당시 아날로그였는지 디지털이었는지. 이 점에서는 상당한 망설임이 있는 것도 사실입니다. 물론 몇 년 전에는 디지털로 전환할 것이라는 얘기는 다른 상품 카테고리의 경향에서도 볼 수 있는 일입니다. 그래도 아날로그 제품을 만들어 온 회사 쪽에도 책임이 있으며, 또 고객 입장에서 본다면 자신이 사용하는 포맷이 없어진다는 것은 매우 난처한 일이 될 것입니다."

주력 상품으로서 8mm가 활약하는 상태에서 곧바로 아날로그에서 디지털로 바꾼다는 것은 다분히 사용자의 신뢰를 잃을 수밖에 없다는 것이 소니의 사고방식이며, 이는 장기간에 걸친 고객과의 신뢰관계 조성을 요구하는 현대 마케팅에서 필수 사상이기도 하다. 이 점을 중시하여 아날로그와 디지털이 갖는 각각의 장점을 살리는 형태의 상품 라인업을 진행한 결과, 비즈니스를 확대하는 방향으로서의 아날로그와 디지털, 양립마케팅 전략이 생겨났다.(그림 3-1) "(디지털 비디오 등장 당시 소니가 보유한 디지털 모델로는) 다른 회사 제품과 비교했을 때 결코 이점을 찾을 수 없습니다. 다른 회사 제품을 포함하여 지금까지의 아날로그, 즉 소비전력이 적은 것에 비하면 디지털 비디오는 소비전력이 많습니다. 스태미나가 없는 것이죠." 하지만 디지털은 확실히 화질 면에서 유리하며 퍼스널 컴퓨터와의 친화성도 높다.

그래서 디지털의 성능보다도 편의성을 요구하는 사용자층에 대해

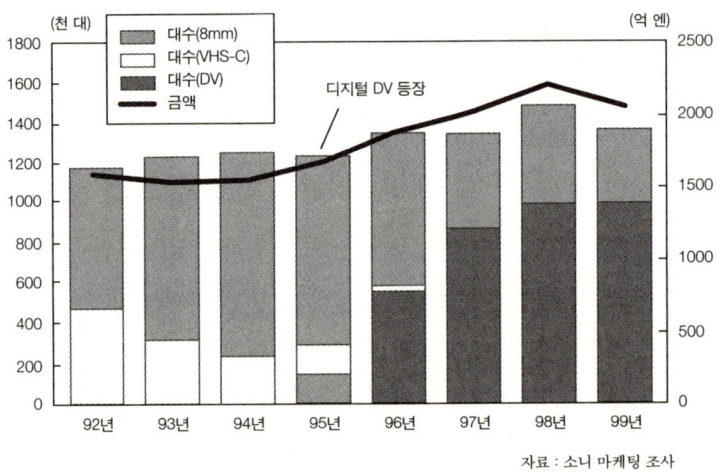

자료 : 소니 마케팅 조사

〈그림 3-1〉 캠코더 시장의 디지털화

아날로그의 우위성을 어필하고 제품을 공급한다. 한편, 미래를 내다보고 투자를 생각하는 사용자에게는 디지털 제품을 권한다.

두 가지 측면에서 마케팅을 전개하며 아날로그를 계속 유지했다.

"아날로그는 비디오 8에서 Hi8이 되었고, 해상도를 높인 상품을 내놓았습니다. 그 후 디지털 8이라는 신제품에 아날로그의 특징이라 할 수 있는 스태미나를 계속 유지하는 것입니다. 다시 말해 (아날로그의 특징을 지닌 채) 계속 발전시키고 있습니다."

디지털 비디오는 최고급품 모델을 중심으로 해서 퍼스널 컴퓨터와의 친화성이나 소형화, 품질, 모든 것을 차별화하는 방향으로 발전시켰다. 한편, 가격적 장점까지 포함한 아날로그의 자산, 곧 합리적인 가치를 평가하는 사용자에 대한 접근도 강화하였다. 바꿔 말해 디지털이 차별화에 역점을 둔 가치를 추구하였다면, 아날로그는 합리적 가치를 추구하였다는 것이다.

물론, 시대는 디지털화하고 있다. 따라서 지금까지의 아날로그 라인업에 디지털 모델을 추가하는 전략만으로는 장래가 불안해진다. 디지털로 전환을 전개하겠지만 기존의 아날로그 사용자층이 많다는 것을 생각할 때 그것을 통일하는 데에는 어려움이 있을 것이다.

"우선은 계속되는 철저한 스태미나 전략입니다. 그것을 광고하고, 매장 연출을 철저히 연동시켰습니다. AV 상품은 푸시(push)형이 대부분이지만, 푸시형과 풀(pull,)형을 혼합해 시장에 도입했습니다. 그리고 디지털로 교체 구입한 사용자에게 지금까지 맛보지 못한 만족감을 얼마만큼 제공할 수 있을까 라는 점을 주장하는 것

이 디지털화의 꿈이었습니다.(그림 3-2)

아울러 지금까지의 8mm 테이프를 그대로 쓸 수 있다는 점. 이것을 철저히 추구하며 고객이 신제품을 구입할 수 있는 모델의 결정판으로 디지털 8을 추진해 왔습니다."

그러한 마케팅 결과, 아날로그에서 디지털로의 변환은 자연스럽게 이루어질 수 있었다고 한다.

"아날로그에서 디지털로 바뀌는 상품은 지금까지도 있었고, 앞으로도 있을 것입니다. 아날로그의 기술은 어느 정도 고갈된 기술이므로 시장 점유율이 높아지면 큰 이익을 낼 수 있을 것입니다. 그것을 될 수 있는 한 오래 유지하도록 하여 지금의 아날로그를 급격히 떨어뜨리지 않도록 해야만 합니다. 그리고 다른 제조업체도 디지털로 새로운 시장 점유를 노리고 있으므로 시장 점유율을 확보하는 일도 중요합니다.

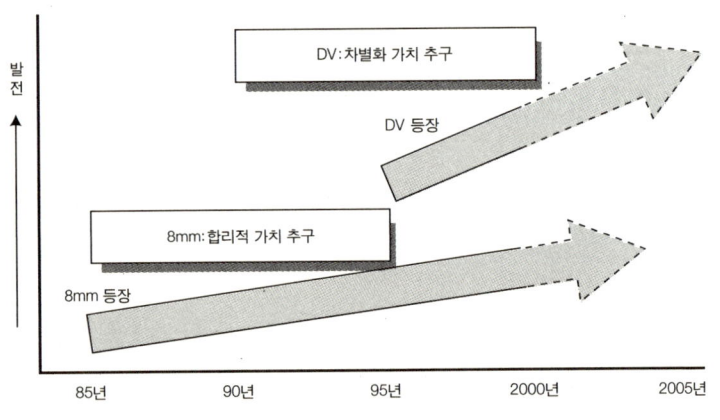

〈그림 3-2〉 두 가지 가치 제안으로 끊임없이 발전한다

그러한 상황 가운데 디지털 비디오 카메라 레코더를 어떤 방법으로 비즈니스에 포함시켜 전환해 갈 것인가. 그 점이 마케팅 관점에서 보면 매우 큰 포인트이자 어려운 부분이었습니다. 이 점에서는 과거의 경험에서 퍼스널 비디오 마케팅의 이 섹션이 탁월한 노하우를 얻고 있습니다. 기존의 캠코더와 앞으로의 캠코더를 사용자의 선택에 정확하게 응하면서 경쟁 제조업체가 이 기회를 틈타 몰려드는 것을 막고 시장 점유율을 유지하며 비약해 나갈 수 있었습니다."

새로운 가치 제안, '끊임없는 즐거움'

여권 크기와 스태미나, 아날로그와 디지털이라는 이중구조의 시책을 전개해 온 핸디캠 마케팅에서 앞으로의 핵심이 되는 테마는 역시 '끊임없는 즐거움'으로 대표되는 AV-IT의 융합 전략이다. 기존에 끊임이 없다는 이미지가 없었던 AV와 퍼스널 컴퓨터를 끊임없이 새로운 가치를 창출해 가겠다는 이 전략의 배경에는 역시 '디지털화'라는 키워드가 있다. 지금까지 아날로그로는 실현할 수 없는 퍼스널 컴퓨터와의 친화성이라는 점이 디지털 신호가 되어 실현된다. 기존에 끊긴 부분이 이어졌다. 그곳을 어떻게 소비자에게 전달할 것인가, 그리고 그에 따라 무엇을 할 수 있을 것인가를 홍보하는 것이 AV-IT 융합 전략 마케팅이다.

"(AV-IT 융합 전략은) 새로운 마케팅 스타일이며, 이를 계속 추진해 갈 것입니다.

AV와 IT가 이어지는 부분에서 새로운 꿈들이 많아지고 새로운 가치가 생긴다. 이것이 '기술혁신의 꿈'이며 소니의 기본 노선이라고 할 수 있다."

광고 선전에서는 쓰지 않지만 영업의 단면으로 들 수 있는 키워드는 '사이버 핸디캠 월드'다. 단순한 핸디캠이 아니라 '사이버'라는 점을 어필하고 있다.

"이 사이버라는 말은 이미 유행이 지난 감이 없지 않지만 연결한다는 점을 이러한 대명사로 바꿔 표현하고 있습니다. 또한 전송속도도 매우 빠르고 AV의 질 그대로를 퍼스널 컴퓨터에 입력해 편집할 수 있는 'i.LINK'와 오프라인에서 데이터를 전송할 수 있는 '메모리스틱'의 두 가지를 축으로 퍼스널 컴퓨터와 핸디캠을 이어주고 있습니다."

이러한 새로운 가치를 소비자에게 홍보하기 위하여 지금까지 같은 판매점이라 하더라도 전혀 다른 장소에 있던 AV와 퍼스널 컴퓨터 판매점을 사이버 핸디캠의 단면을 강조하여 인접하도록 만들어 또다시 융합하게 한다. 퍼스널 컴퓨터 등을 디스플레이로 세트하여 판매점에 내놓는다 등과 같이 철저하게 '끊임없는 즐거움'을 홍보해 나갈 것이다.

"판매점이 전혀 다르다는 사실이 처음엔 커다란 장벽이었습니다. 그렇기 때문에 바이오로 연결한다 해도 판매 현장에는 좀처럼 받아들여지지 않았습니다. 원래 매상 책임자가 다른 것도 그 이유였지요. 그러나 최근에는 우리의 의도를 이해해 주고, 독자적인 방식으로 판매점의 벽을 없애면서 전시해 주는 곳도 늘어났습니다.

'연결하면 이것이 가능하다' 는 식으로 홍보하는 디스플레이가 증가하였습니다."

다양한 사용자의 요구를 확실히 충족하는 라인업, 그 뿌리가 되는 제품의 이중구조, 그리고 아날로그에 디지털을 추가하는 방식에서 교체 전략, 새로운 가치를 제안하고 AV-IT융합의 새로운 시장을 창조하려는 시도 등, 핸디캠 마케팅에는 SMOJ의 마케팅 노하우의 진수만을 모은 여러 전략을 도입해 각기 큰 성과를 거두었다. 그것은 AV 중에서도 가장 활발한 시장의 하나로 평가받음으로써 굳이 SMOJ 마케팅 수준의 높이를 생각하지 않더라도 충분히 증명되었다고 할 수 있겠다.

전통적 불도저형 마케팅으로 시장 변혁 - TV 베가

이미 성장이 끝난 TV 시장을 활성화하다

TV 시장을 한마디로 표현하면 'AV 중에서도 가장 성숙한 시장'이라 할 수 있다. 이 가운데 상품 가격이 기존 TV보다 약간 높으면서 가격 차이를 뛰어넘어 최근의 히트 상품이 된 것이 평면 디스플레이 TV '베가' 다.

"영업 면에서 보면 가격 차이를 충당하기 위해 어떻게 해야 할 것인가 하는 문제가 가장 중요합니다. 그런 면에서 베가는 비교적 다루기 편한 상품이었습니다. 값이 비싸도 압도적 상품성을 갖고 있었으니까요."라고 당시 TV 마케팅부의 통괄과장 야마우치 류이치(山內龍一)는 말한다.

TV는 명실상부한 가정 전자제품의 필수품이며 동시에 정보 사회의 인프라로 정착하였다. 또한 그 긴 역사에서 기술이나 품질과 가격 면에서의 균형을 유지하면서 기술적으로는 말하자면 '고갈된' 상품이기도 하다. '한 가구 한 대' 시절부터 개인용, 이동용 또는 AV 기기와 접속하는 영상 단말로서의 역할 등 상품 카테고리의 발전도 진행하고 있다.

이러한 성숙한 TV라는 상품 시장에서는 소비자가 생각지도 못한 새로운 것을 내놓지 않는 한, 새로운 기술에 의한 이점이나 특성을 내세우기 어렵다. 또한 성숙하였다는 것만으로 TV 시장은 규모도 크고 대기업 전기 제품 제조업체 각 사가 치열한 경합 상태를 계속하였다. 홍콩·대만·한국의 제조업체도 이 경쟁에 참가하는 현재의 상황에서는 가격 경쟁도 점차 치열할 것으로 보인다.

이러한 시장에서는 어떤 마케팅 전략을 이용할 수 있을까. 당시 TV 마케팅부의 다키구치 마사시(瀧口正史)는 다음과 같이 말한다.

"TV의 상품 구상은 크게 세 가지로 나뉩니다. 미래의 브랜드를 대표하는 듯한 인상을 주는 이미지 전략 상품, 구체적인 상품으로 이점을 발휘하고 가격 차가 나더라도 승산이 있는 전술 상품, 그리고 경쟁 제품과 가격 면에서 철저히 승부하는 전투 상품의 세 가지입니다. 이러한 구상이 소니의 영업과 밀접한 관계가 있다는 사실을 전원이 명확하게 이해하였습니다. 그 정도로 철저한 것이었죠. 이 세 가지는 각각 구성이 다르고, 사내에서의 위치도 다릅니다." (사진 3-2)

포화시장의 주류인 종횡비율 4 대 3 TV는 어디까지나 4 대 3 전투형 상품으로 겨뤄야 한다. 전술적 상품이나 전략적으로 장래를 이야기하는 상품도 마찬가지다. 4 대 3 시장에서는 장래성 있는 참신한 제품을 투입하더라도 이기기 어렵다는 이야기다.

앞에서 말한 야마우치(山內)는 이에 대해 다음과 같이 역설한다.

"즉시 효가가 나타나더군요. 29인치의 평면 TV 모델 KV-29SF1이 대히트를 쳤습니다. 그래서 상위 모델과 하위 모델의 두 가지로 나누어 구성하고 전개해 가겠다고 생각하는 경향이 있습니다. 그러

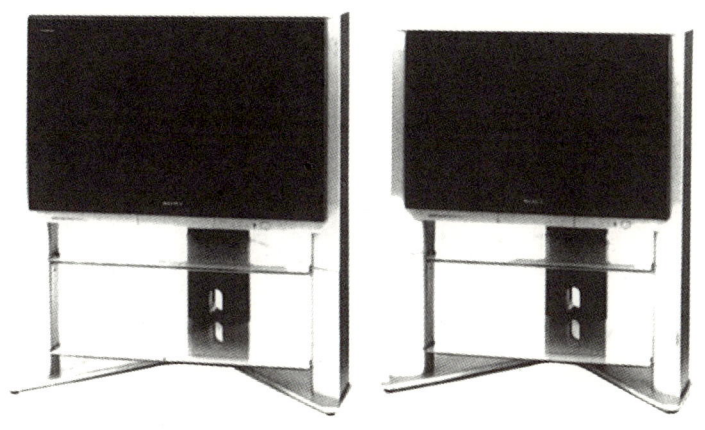

〈사진 3-2〉 TV 베가 DRC 고화질 프레스티지 와이드
'DZ 시리즈' KV-36DZ900(왼쪽), KV-32DZ900(오른쪽)

나 이는 전력이 분산 형태가 될 뿐이며, 아무리 채워도 어차피 원래 합계는 나오지 않습니다. 하나의 상품이 히트하면 구성을 확대하는 방향으로 가기 쉽지만, 그렇게 되면 각 상품의 자사 내 차별화도 불투명해집니다.

결과적으로 시장에서 힘을 잃는 경우가 종종 있습니다. 이것은 그 확대하는 시기에 경쟁사가 기술이나 이미지 전략을 가지고 뒤쫓아오기 때문입니다. 그 단계에서 확대한 구성 전개는 각각의 등급에서 경쟁 상품과 겨뤄야 하니까요. 뒤쫓아오는 쪽은 명쾌합니다. 잘 팔리는 모델 29인치의 구성을 잘 살피면서 진행해 가는 겁니다. '어떤 상품이 히트 모델이다'라고 하면 거기에 몇 개의 업체도 상품을 내놓고 맞붙습니다. 후발 제품이 나오면 그 단계에서는 선행 모델이 진부해지게 마련입니다. 구성을 강화하기 위해 두 가지 타입을 추가하면 타사 모델 세 가지, 자사 모델 세 가지, 결국 6분의 1이 되고 마는 구조입니다."

다시 말해 평면 TV의 인기로 인해 유리한 고지를 점령한 상태에서 상품을 전개해도 단순히 그 정도를 가지고는 TV 시장에서 이길 수 없다는 얘기다. 당연히 지금까지의 마케팅과는 다른 전략이 필요하다. 판매회사까지 통합해 성립한 SMOJ는 거래처와의 거리가 가깝다는 장점이 있다. 이 점에서 베가는 포화상태에 놓인 TV 시장에서 더 세심한 영업을 가능하게 한다는 이점을 획득하였다.

야마우치는 계속해서 이렇게 말한다. "어떤 마케팅 부대가 대기업 거래처에 직접 상담하러 가는 식의 기존 마케팅과는 다른 성질의 일을 할 수 있는 환경을, (소니에서는) TV가 가장 최초로 만든 것입니다. 그러한 환경 아래에서 평면 TV가 나온 이후 SMOJ가 성립한 것이죠. 제품 혁신 이외에도 영업적 변혁을 일으켜야 한다는 의식이 있고, 그런 의미에서는 SMOJ의 설립 타이밍이 너무나 절묘했습니다."

이런 식으로는 기존의 마케팅 활동밖에 할 수 없는 영업 체제 속에서 FD 트리니트론관이 된 베가가 등장했다. 이에 따라 판매 대수 시장 점유율을 비롯하여 비즈니스 확대 기운이 상승하였고, 영업 체제의 혁신을 절묘한 타이밍으로 이용해 섬세한 영업활동으로 이어나갔다고 한다. 이때 하이비전, 4 대 3 등으로 나뉜 상품 전략에 베가라는 통일 컨셉트가 탄생했다. 이로 인해 마케팅 분야에서 다시 한번 어떻게 자리매김할 것인가 하는 상품 라인업의 재정비 필요성을 인식하였다고 한다. 그 결과 소모전에서 벗어나기 위해서는 명쾌한 차별화 상품으로 승부를 걸어야 한다는 점에 착안하여 다른 회사보다 비용 면에서 부담을 안을 것을 알면서도 평면 디스플레이에 전면 투자하겠다는 전략을 확립하였다.

베가의 압도적 이점이라고 한다면 역시 본격적인 평면 TV로서의 선행 우위성과 지금까지의 트리니트론관이 닦은 소니 TV의 이미지, 그리고 '화질만큼은 한걸음 앞서 있다' 고 자부하는 소니의 기술력일 것이다.

그리고 이러한 이점을 철저히 성숙, 포화시킨 시장에 평면 TV라는 새로운 컨셉트를 제안했다. '평면이 표준' 이라는 이미지를 정착시키고 장르에서 선두주자가 됨으로써 평면 TV 최고의 지위를 얻고 시장 전체를 활성화한 것이 바로 베가 시리즈라 할 수 있다.

"지금 전 업체의 TV 가운데 평면 TV는 판매 대수에서 40% 정도 (2000년 봄)를 차지하였습니다.

그 중에서도 25인치는 절반 이상으로 상승하고 있습니만, 매상 금액으로 보면 TV 전체의 70% 정도까지 와 있다고 볼 수 있습니다. 이것은 우리 소니나 판매점 모두 매출을 올리는 큰 포인트이며, 최대의 테마는 우선 평면 TV의 비율을 높이는 것이라고 인식하였습니다. 물론, 거래처인 판매점에도 힘을 쏟아야겠지만 말이죠."

기존의 브라운관에서 평면 TV의 시대로

그럼, 구체적으로 전개한 베가의 마케팅 전략을 생각하기에 앞서 소니에게 TV 시장은 어떤 성격을 띠는지에 대해 간단히 살펴보자.

평면 TV가 모습을 드러내기 전에 소니는 어려운 상황 속에서 TV 비즈니스를 강행해 왔다. 가장 힘든 상황은 첫째로 판매점 수의 차이에서 비롯하였다. 어느 판매점이든 'TV 판매를 생계 수단'으로 삼고 온힘을 쏟게 마련이다. 또 소니 내에는 그런 호칭이 없지만 흔히 말하는 계열점에서는 경쟁 업체보다 한 자릿수가 적다. SMOJ는 약 2000점의 소니 제품을 주력업종으로 하는 지역 대리점을 승부처로 삼았지만 판매점 수에서 앞설 수는 없었다.

또한 경쟁 세력이 크다는 점도 하나의 요인이었다. 곧 TV 비즈니스에서 철퇴하는 제조업체가 어디에도 없다는 점도 있다. 그것은 판매점에서 TV 비즈니스가 '생계 수단'이라는 점과 더불어 TV 방송에는 장래성이 있었다. 아무리 미디어나 소프트가 변했다고는 하지만 영상의 출구는 필요하게 마련이다.

그 출구로는 브라운관이 최고로 꼽혔다. 장래성을 고려했을 때 지금 TV 비즈니스에서 손을 떼면 그 장래에 참여하고 기획하지 못할 가능성이 크다. 이러한 배경 때문에 일본 내에서 경쟁을 벌이는 회사만도 10여 곳에 이른다. 그밖에 엔화가 높아지는 것을 틈타 가세한 한국 업체까지 포함하여 약 15개 업체가 경쟁을 벌였다.

소니 입장에서는 나름의 고민도 있다. 소니에서는 화상의 우위성에서 일반적인 구면 브라운관이 아니라 독자적으로 개발한, 유일한 일본 오리지널 원통형 트리니트론관(Trinitron, 소니가 개발한 브라운관으로 일반 브라운관보다 화면이 밝고 색상이 선명하다)을 써왔다. 그러나 트리니트론관은 소니 1개사가 채택한 반면, 일반 브라운관은 수많은 업체가 같은 브라운관을 쓴다. 따라서 트리니트론은 수량에서 오는 원가 차이를 극복하지 못하고 아무리 해도 품질이나 분량보다 비용이 비싸 TV 자체의 가격경쟁에서 뒤질 수밖에 없었다. 이것도 시장 점유를 좀처럼 확보하지 못하는 이유 중 하나였다.

평면화하기 전에도 차별화 시책의 한 방안으로 트리니트론이라는 점을 전면에 내세웠지만 구면 브라운관의 성능도 점점 좋아져 그 차이점이 압도적이라고 하기는 어려운 것이어서 그 점에서 '작은 부분까지 신경 쓰는 차별화'(당시 통괄과장 야마우치) 전략밖에는 없는 것이었다.

또한 평면화에 대해서도 베가에 앞서 제1차 평면 전쟁이 있었다. 기존 브라운관의 성능 향상에 따라 TV의 앞면에서 뒷면까지의 길이가 대폭 줄었으며 그것이 마케팅상 홍보효과로 크게 작용하였다.

이때 취한 시책이, 끊임없이 대두되어 온 가전제품 대리점에 대한 대응을 강화하는 전략이다. 당시에는 아직 SMOJ를 설립하지 않았고, 소니(주) 일본 내 영업 본부에서 판매회사, 판매점을 통해 고객에게 전달되는 유통 경로였다. 기존에는 판매회사가 해온 판매점과의 상담을 일본 내 영업본부로 이행함으로써 시장과의 거리를 좁혀 마케팅 파워를 높인다는 전략을 세운 것이었다.

또한 트리니트론의 높은 비용에 대한 문제는 앞서 나온 '전략적 상품', '전술적 상품', '전투적 상품'이라는 전략별 상품 전개를 해 가면서 그 중 가격으로 승부할 상품에 대해서는 과감한 가격을 책정하는 전술로 비즈니스를 확대하려는 노력을 멈추지 않았다.

"우리는 '트리니트론의 절대적 우위성'은 인정하지만 상품적 장점을 전달하는 일은 결코 쉽지 않습니다. 고객도, 오디오에서 말하는 일종의 마니아층처럼 하나의 특화된 지식을 얻으려 할 때에는 최선을 다하고 인내하며 몰입합니다. 하지만 일반 TV는 이른바 '오락의 왕'입니다. 가정에서는 1년 내내 TV를 봅니다. 그런 상황에서 일반 고객 가운데 특화된 지식을 얻으려는 사람은 결코 많지 않습니다. 예를 들어 베가와 트리니트론을 매장 입구에 두고 '어느 것이 트리니트론인가'를 물어보면 십중팔구는 분별하지 못하니까요."

그 후 소니 내부에서도 변화가 있었다.

"어느 날 문득 뒤돌아보니, 소니의 트리니트론에 대해 열정을 가진 이전 세대들이 사라진 것을 발견하였습니다. 그 열정을 다시 회복하고자 하는 마음에서 베가는 출발한 것이었습니다. '평면이 아니더라도 더 싼 가격에 팔기 쉬운 상품이 더 나을 텐데' 하는 생각을 마음속에 반쯤 품은 사람도 있었지만, '이것이야말로 소니다운 발상이다' 라고 말하면서 따라주었습니다."

판매 현장에서는 역시 팔기 쉬운 상품을 좋아할 수밖에 없다. 그러나 소니는 거기서 곧바로 정통 노선으로 돌아오지는 않을 것이다. 트리니트론의 우수한 면을 이어가면서 기존 트리니트론의 속박에서 벗어난 새로운 장점을 상품으로 세상에 알리는 '끈기' 와 '참신함' 이 어우러진 소니다운 전략이다.

"그러므로 마케팅상에서의 특이성은, 우수하면서도 독특한 상품을 정중히 시장에 선보이며, 마케팅해 온 점일지도 모르겠습니다. 성숙시장에서 펼치는 마케팅이므로 아주 기본적인 것을 자랑하지 않고 하나하나, 개발은 개발로 해결하며 각각의 일을 꾸준히 해 나간 것이 아닐까요?"

기발한 계책이 아니라 어디까지나 마케팅의 왕도인 카테고리마다의 최적화, 차별화를 철저히 시행하며 상품의 우위성을 호소한다. 결국 그것이 시장의 의식을 바꾸고 소니만의 독창적인 장을 만들었다고 할 수 있다.

장점을 철저히 홍보하는 마케팅

아울러 SMOJ 사장 하야시 마사히로(林誠宏)는 베가의 성공 배경에는 상품의 장점뿐 아니라 판매점의 협력도 컸다고 말한다.

"일본의 컬러 TV 시장은 900만 대로 거의 안정적이며 TV의 가격이 점차 떨어지는 상황이었습니다. 그러므로 판매점에도 '똑같은 한대라면 조금이라도 좋은 것, 비싼 것을 팔고 싶다'는 생각이 있는 것이 사실입니다. 물론 아무런 이유도 없이 비싼 것이 팔리지 않습니다. 베가는 50% 정도 비쌌지만 고객 입장에서도 가격이 비싼 것을 이해할 만한 상품이었다고 할 수 있습니다. 마케팅에서도 그 흐름을 지원하고 TV 선전을 단숨에 지금까지의 배 이상으로 확대하는 등 크게 광고했습니다. 동시에 매장 입구에서 베가 코너를 만들어 집중 전시를 전개한 것이었습니다. 이런 일들은 제대로 연동한 만큼 설득력도 높았습니다. 나는 '이게 바로 마케팅이구나' 하는 걸 깨달았습니다."

구체적으로 매장 입구에서는 어떤 장점의 호소 방법을 택했을까. 당시 TV 마케팅부 통괄과장 야마우치는 이렇게 말한다.

"많이 팔릴 거라고 생각한다면 역시 크고 한눈에 알아보기 쉽게 하는 차별화 포인트가 필요합니다. 그리고 1996년 11월이었던가? 28인치 평면(SF5)이 나왔을 때, 확실히 값은 비쌌지만 시장에서 '조금씩 팔린다'는 얘기가 들려오기 시작했습니다. 단순 명쾌하게 상품을 차별화할 수 있다는 것과, 좋은 물건은 반드시 팔린다는 의식이 당시 이미 싹튼 것이었죠."

'팔릴 것'이라는 전제하에 영업 차원에서 '평면이 왜 좋을까'에 대한 토론회를 열었다. 그리고 베가의 상품 이미지를 강하게 호소하기 위해 기존의 인치별 상품 전개가 아닌 베가 코너를 따로 설치하도록 판매점에 요청했다. 마케팅 가운데 전시 콘테스트를 하는 등 라인업 전략을 살리는 듯한 매장 입구 꾸미기, 판매장 만들기에 온힘을 쏟았다.

"1997년은 'TV 화면이 볼록한 것은 이상한 일'이라고 어필하며 (평면 TV) 라인업을 전개함으로써 고객도 '아, 그렇구나' 하고 생각하게 되었습니다. 그러자 1997년 12월경부터 베가의 주문량이 폭발적으로 늘어났습니다. 다음해 3월에는 다른 업체에서도 (평면 TV가) 나오기 시작함으로써 이미 평면 시대가 도래했음을 인식하였습니다."

TV와 같은 성숙상품으로 시장 점유율이 1, 2년에 10%나 움직이는 일, 곧 시장 구조가 격변하는 일은 우선 있을 수 없었다. 하지만 베가는 그만큼 격변을 일으킨 것이었다.

과제는 시장 예측과 공급 체인 매니지먼트 관리

하지만 TV 시장에서는, 반드시 히트했다고 해서 그만큼 공급을 늘리는 것이 좋은 것은 아니다. 시장의 예측이 중요하다.

"1998년 말 생산은 충분히 활력을 되찾았습니다. 그 후에는 '이 정도로 히트 모델이 많은데도 생산을 끊지 않고 잘해주었다'고 판매점측에서 감사의 말을 하기도 했습니다. 하지만 사내에서는 재고를 쌓아놓는 상황도 벌어졌습니다."

1996년 12월에 발표한 이후 1998년 상반기 9월까지 판매점의 예측이나 업체의 예측까지 포함하여 모든 예측을 상회한 형태로 추이했다. 그래서 1998년 하반기부터 "판매점이나 우리 모두 기쁜 마음으로 제품을 판매할 수 있었다"고 한다.

"업체 입장에서 실패까지는 아니어도 반성해야 할 점이라고 생각합니다. 재고의 편재도 적잖으니까요. '팔리는 것은 좋지만 이렇게 많이 만들어서야 ……' 하는 질책을 받았습니다."

이에 대한 반성에서, 야마우치는 앞으로의 과제 중 하나를 시장예측과 공급 체인 매니지먼트(SCM)에 둔다. 판매점이나 유통 속에서 판매 대수 비중이 큰 가전제품 대리점 등에 대하여 상담(商談)의 정확도를 얼마만큼 높일 수 있을 것인지가 최대의 키 포인트라고 한다.

"(생산 과잉된) 당시에는 상담의 정확도를 높이려 했지만, 저로서는 처음으로 체험했습니다. 50~60% 비싼 상품을 만드는 것 자체가…… 잘 몰랐던 거죠."

하지만 이미 소니는 TV 시장의 2대 거두(巨頭) 중 하나로까지 성장했다. 앞으로는 더욱 BS 디지털이나 지상파 디지털의 풀디지털 시대로 돌입한다. TV가 갖는 역할은 변화할 것으로 보인다. 정보 단말로서의 기능도 갖춰야 할 것이다. 퍼스널 컴퓨터와 연동한 TV 제작도 이미 현실화하였다.

"지금은 TV가 가전제품이지만, 이것이 디지털이라는 전파 자체가 상호작용의 수단이 되어 서버나 퍼스널 컴퓨터와 연결되면 TV의 기능이 근본적으로 바뀝니다. 그때 어느 만큼의 효용을 고객에게 제공할 수 있느냐는 적용력이 중요합니다. 이것이 TV 마케팅 부대의 승부처가 될 것입니다. 소니가 AV-IT 융합의 선두를 달리면서 디지털 TV의 세계에서도 리드하는 것이 우리의 소망입니다."

전통적인 성숙 상품 시장은 현재 새로운 디지털 시대, 브로드밴드 시대를 향해 가장 뜨겁게 변화하고 있다.

제로베이스의 모험에서 - PC 바이오

소비자의 가치관을 바꿨다

1997년 7월에 바이오가 등장했을 때, 시장평가는 결코 좋지 못했다. 그것은 바이오가 마이크로소프트사의 윈도즈를 기본 소프트(OS)로 한 기계이며, 이른바 사람들이 '흔하디 흔한 컴퓨터'로 인식했기 때문이다. 그러나 사양만 보고 좋지 않게 본 바이오의 평가가 완전히 잘못된 것이었음은 금세 판명되었다. 바이오는 퍼스널 컴퓨터만으로 진가를 운운할 존재가 아니라 다양한 AV나 IT의 하드 및 주변기기와 연결했을 때 새로운 가치를 창조하는 지적 흥미를 위한 핵심기기라는 사실이 시장에 침투하였기 때문이다.

현재, 바이오를 그 몸체만 보고 판단하는 전문가는 일단 없다. 또한 퍼스널 컴퓨터라는 장르 전체에 대한 가치관도 이전부터 있던 비즈니스 도구의 이미지에서 개인의 흥미를 위한 도구로서의 이미지가 확대되었고 크게 변화하였다. 그리고 그것은 바이오의 마케팅 최대 목표이자 과제였다.

인포메이션 테크놀로지부 통괄과장 곤도 도시오(近藤俊雄)는 이 '기존의 퍼스널 컴퓨터 시장과는 다른 측면의 요구'에 대해 철저하게 세운 전략을 다음과 같이 이야기했다.

"이것은 기존 개념을 부정하는 것이 아니라 AV 기기나 AV 미디어, 커뮤니케이션 수단으로서 퍼스널 컴퓨터의 가능성을 단숨에 끌어올릴 것이라는 사실을 미리 예측했다고 할 수 있습니다. 이제부터 좀더 현실에서 발전해 나가겠지만. 물론 소니도 미리 예측하였고, 고객도 막연하나마 감을 잡았다고 할 수 있습니다. 막연한 기대감 속에서 그것을 쉽게 알 수 있도록 홍보합니다. 그렇기 때문에 될 수 있는 한 카탈로그에도 사양은 넣지 않습니다. 상담할 때도 사양에 대해서는 언급하지 않다가 마지막에 이야기합니다. 판매점 사람은 '빨리 가르쳐 달라'고 기다리지만 말입니다."

하지만 그러한 새로운 개념, 새로운 가치관이 시장에서 통할 수 있도록 하기 위해서는 시간이 필요하다.

시장으로 기본적인 정보를 내보내는 과정에서 망설임 같은 건 없었을까.

"3개월 동안 팔리지 않았다고 해서 AV-IT 융합을 그만둘까 라고 생각해 본 적은 없었습니다. 끝까지 포기하지 않고 지켜나갔습니다. (기존 PC 시장의) 마케팅 수법에 대해서는 공부를 많이 했지만 소니가 PC를 통해 하고자 하는 것은 처음부터 일관되게, 그리고 철저히 밀고 나갔습니다. 예를 들어 맨 처음 광고에서는 AV 기기를 나란히 늘어놓은 바로 한가운데 바이오를 진열하고 소니의 중심이라는 것을 강조하는 수법이었습니다. 물론 이런 결정을 하기까지는 내부에서 여러 가지로 우여곡절을 겪어야 했지만 결국엔 맨 처음 컨셉트로 밀고 나갔습니다. 그러한 전략적 판단은 정말 잘한 것이었습니다."(사진 3-3)

그리고 곤도(近藤)는 이러한 전략은 기발한 것이 아니라 마케팅의 왕도라고 말한다.

〈사진 3-3〉 **노트북 컴퓨터 VAIO PCG-CIXG/BP**

"제품의 가치를 어필한다는 것. 이것은 마케팅에서 기발한 것이 아닙니다. 애초 특정범위에서 비즈니스를 하려는 생각은 없었습니다. 역시 일반 고객이 보통 생활 속에서 수백만 원씩 들여가면서 컴퓨터를 사놓고 단순히 남은 일을 가지고 집에 돌아와 전표 계산만 한다면 정말 재미없는 일이죠. 그러므로 컴퓨터를 구입한 사용자가 즐겁기 위해 어떤 기술 요소나 솔루션, 부가가치가 곁들였는지를 요구하기에 이른 것입니다."

어디까지나 사용자 입장에서 만족도를 높일 수 있는 일을 철저히 요구한다. 이 기본 전략을 바탕으로 앞으로는 어떻게 구체적으로 전개할 것인가 하는 전술을 편다. 하지만 퍼스널 컴퓨터 시장에서는 제조업체에서 추진하는 정보보다 사용자가 내놓는 정보의 다양함과 신속함이 훨씬 뛰어난 경우가 적지 않다. 따라서 이러한 사용자의 요구에 대해 어떻게 적절히 대응하느냐에 상당한 신경을 썼다고 한다. 그리고 무엇보다 만드는 입장에서 제품의 가치 기준을 철저히 하는 일 역시 빼놓을 수 없다. 이것만 확보되면 '앞으로는 정공법으로 노력이 허사가 되지 않도록 한 가지를 연구해 철저히 전하면' 저절로 결과가 따라온다는 얘기다.

PC 시장을 철저히 연구했다

그 결과, 바이오의 진가는 날이 갈수록 뛰어난 것으로 인정 받기 시작했고, 1997년 10월에 출시한 A4 크기 모델로 단숨에 인기몰이

에 성공했다. 11월에 내놓은 B5 노트북 단계에서는 시장에 'AV-IT
융합'에 의한 새로운 퍼스널 컴퓨터의 가치 기준이 확실히 자리잡
았다. 그러나 그것도 시장에 뛰어든 후 3개월 동안 '현실적으로 PC
업계가 어떤 것인지를 뼈저리게 느낀' 결과라고 한다.

퍼스널 컴퓨터 시장에 뛰어든 소니 입장에서 그것은 자신이 생각
해 온 세계와는 너무나 크게 차이 나는 것이었다.

"퍼스널 컴퓨터 시장의 특성은 일단 엄청 '빠르다는' 점에 있습니
다. 기존의 AV식 스피드를 도입하는 정도로는 따라갈 수 없지요.
지금까지 월 단위로 움직인 오퍼레이션을 철저히 주 단위로 바꾼
겁니다. 또한 의사결정의 계층구조에서도 초기에는 본부장, 부장,
과장, 전원이 일주일에 한 번 모여 그 자리에서 모든 것을 결정하고
결정한 대로 주말에 실행하는 식으로 진행해 나갔습니다. 지금은
바뀌었지만 말이에요."

이러한 속도에 익숙해지기까지 3개월이 걸렸다고 한다. 게다가
더욱 충격적인 것은 소니의 AV와의 차이였다.

"의외로 퍼스널 컴퓨터와는 연결이 잘 안 된다는 사실을 바이오
초기에 처음 알게 되었습니다. AV는 업계 표준화가 되어 있기 때문
에 뭐든지 잘 연결되는데 PC는 달랐습니다. 그래서 어느 주변기기
가 바이오와 연결될 것인지에 대해서도 열심히 연구했습니다."

그리고 생선식품이라고 하는 가격 변동도 종래의 퍼스널 컴퓨터
시장의 특징이다.

"가격이 순식간에 30만 엔에서 20만 엔으로 떨어지는 게 아니겠

어요? 우리는 그게 싫다는 겁니다. 가격이 내려간다는 것은 브랜드 이미지에 손상을 입히는 결과를 초래합니다. '소니도 어차피 컴퓨터 업계니까 팔다 남으면 결국엔 싸게 팔겠지' 하는 이미지는 싹 없애고 싶었습니다.

그래서 아예 가격을 조금 낮춰 발매하는 대신 그 가격으로 끝까지 밀고 나가는 가격전략을 세웠습니다."

이러한 바이오의 새로운 마케팅 전략이 성공을 거둔 배경에는 물론 제품 제조업체의 철저한 가치 기준 유지나 마케팅의 철저한 홍보가 있지만, 이와 동시에 퍼스널 컴퓨터라는 제품 자체의 가치관이 전환되었다는 점도 행운이었다고 할 수 있다. 이러한 주변 사정에 대해 SMOJ 사장 하야시(林誠宏)는 이렇게 말했다.

"아주 평범한 사람이 사용할 수 있도록 컴퓨터가 가전제품화하였다는 점입니다. 가정에서도 쓸 수 있게 된 것이죠. 여성들 가운데는 회사에서 컴퓨터를 사용하지만 집에서는 하지 않는 사람이 거의 대부분이었습니다. 그러나 인터넷이나 e메일을 자택에서 이용할 수 있게 되었습니다. 이렇게 되면 같은 물건을 사더라도 다른 제품과 다른, 좀더 좋고 예쁜 것을 사는 것입니다. 시장의 변화나 가치기준의 변화가 지금까지의 경쟁을 의미 없는 것으로 만들어 버렸습니다. 그러자 새로운 가치기준에 있던 판매방식 없이는 결코 판매전쟁에 나갈 수 없습니다. 바야흐로 바이오 시대에는 판매방식과 새로운 가치기준이 정확히 맞아떨어졌습니다. 그러한 점에서 바이오는 (SMOJ의 전략으로) 성공한 사례라고 볼 수 있겠죠."

제로베이스 때문에 생기는 난점과 이점

그러나 이러한 후발업계의 도전은 이미 거품 경쟁시대와 같은 천정부지의 경제성장을 보이는 시기라면 어쨌든 일본의 제조업체가 격전을 벌이는 최근의 경제상태로 볼 때 매우 위험한 도박을 한 것 같은 느낌마저 든다.

그러나 하야시(林)는 태연스레 이렇게 말한다.

"(소니의 컴퓨터는) 전혀 아무것도 없는 상태에서 출발했기 때문에 위험 부담도 그만큼 적었습니다. 물론 퍼스널 컴퓨터의 기능 경쟁 면에서는 하나라도 더 많이 만드는 것이 유리하겠지만, 그건 바로 싸움에 지는 것이라고 생각합니다. 그러므로 어떻게 해서든지 차별화된 승부처를 만들고 싶었습니다. 결국 해내고 말았지요."

개인의 즐거움을 창조하는 기계로서의 퍼스널 컴퓨터, 이전에는 없는 이 가치관을 철저히 드러냄으로써 기존 컴퓨터 시장과는 다른 승부처를 만들고 거기서 승리를 거두었다.

이에 대해 하야시는,

"역시 소니의 DNA답군요. 다른 사람과 똑같은 일은 하지 않을 것이며 차별화하겠다는 정신이 살아 있으니까요."

또한 앞에서 말한 곤도는 마케팅 측면에서 보면 소니가 반드시 후발업체기 때문에 불리한 입장에 있는 건 아니었다고 분석한다.

"바이오라는 카테고리는 가정에서 쓰는 개인용 퍼스널 컴퓨터 제품입니다. 발매시기가 앞선 다른 회사보다 늦은 1997년 7월이었기 때문에 그런 뜻에서는 후발이지만 제품의 마케팅, 특히 가정에서 쓰는 개인용 컴퓨터 시장이 다시 회복해 가는 과정에서는 대등한 부분도 있습니다.

시스템이나 프로모션 면에서는 다른 업체보다 앞선 부분이 있을지도 모르겠습니다. 가정용 컴퓨터가 지금 실시간으로 성장세를 보이는 중이기 때문에 특별히 후발업체로서 갖는 불리한 점 같은 것은 없습니다."

바이오를 출시하기 전에 소니는 퍼스널 컴퓨터 및 워드프로세서 시장에서 여러 번 고배를 마셔야 했다. 그러한 경험을 통해 마케팅 전략은 기존의 상식과 달라야 한다는 인식을 가졌다. 곤도의 이야기를 들어보자.

"시장에서 승리하는 것은 제품이나 정보의 흐름을 최대 효율화하는 것을 뜻합니다. 최대 효율화를 이루기 위해 한발 한발 내딛는 것이 우리의 임무 즉, 마케팅이라고 할 수 있지요. 그리고 소니 역시 하드웨어나 기술이 몇 개월 사이에 계속 바뀌는 장르에 발을 내디딘 이상, 개인뿐 아니라 기업 체질도 바꿔야 합니다. 물론, 소니에는 AV를 비롯한 긴 역사가 있으며 그 가운데는 마케팅에 대해서도 '이것이 최적이다'라고 생각하는 시스템이 있었습니다. 지금까지는 역사 속에서 최선의 방법을 찾았지만 이제 그러한 방법은 퍼스널 컴퓨터 시장에서 더 이상 통하지 않는다고 판단, 다시 처음으로 돌아가 원점에서 시작하기로 마음을 고쳐먹은 것이었습니다. 다시 말해 퍼스널 컴퓨터 시장에서 이기기 위해서는 어떻게 하는 게 좋을까, 라는 것을 전제로 개념, 시스템 등 철저히 파괴시켰습니다."

이러한 노력이 성공을 거둔 까닭에 대해 곤도는 "우리는 잃을 것이 없었습니다. 시장 점유율 제로에서 출발했으니까요"라고 말한다. 하지만 제로는 불과 3년 사이에 2000억 엔 이상의 비즈니스로 성장하였다.

이것은 잃을 것이 없다는 말 정도로는 설명할 수 없는 놀랄 만한 성장이다. 물론 거기에는 가능성과 위험성을 정확히 파악하는 마케팅의 기본과 새로운 방식으로 새로운 발판을 삼고, 거기서 승리를 예측하고 이를 지시하는 경영진에 이르기까지의 매니지먼트에 대한 이해가 있었다. 그리고 왜 소니가 가정용 컴퓨터를 취급하지 않으면 안 되는가, 라는 질문에 대해 스스로 답을 찾았다. 즉 AV-IT의 융합에 의해 기존의 AV 시장에서는 성립할 수 없는 새로운 이용자의 만족을 제공하는 제품 제조업체인 소니로서의 사명감과 자신감을 철저히 견지했기 때문에 성공을 거둘 수 있었다.

"소니의 마케팅은 일단 흐름을 끊고 다시 원점에서 시작하는 일에 뛰어납니다. 자신도 모르는 사이에 그 능력이 몸에 배어 있습니다. 테이프에서 CD로 가는 흐름도, 또한 CD에서 MD로, MD에서 메모리스틱으로의 추세도 바뀔 때마다 새롭게 원점에서 출발합니다. 또는 지금까지의 일은 남기고 전혀 다른 마케팅 전략을 내놓기도 합니다. 이러한 능력이 탁월하다는 것이 소니의 장점이지요. 아마도 이 점이 소니와 다른 업체가 다른 부분이 아닐까 싶습니다."

매장 입구를 새로운 승부처로 - 미디어&배터리

MB 마케팅의 광범위한 수준 범위

미디어 & 배터리, 간단히 말해 MB의 카테고리에는 매우 다채로운 제품이 포함되어 있다. 카테고리 이름이 말해주듯 VTR나 음악 카세트 테이프, MD, 데이터 미디어의 MO나 CD-R 등의 기록매체(미디어)와 여러 종류의 건전지류 등 이외에 회중전지에서 '프림바' 용지(디지털 카메라로 촬영하여 인쇄하는 전용 프린터 용지) 등에까지 이른다. 이들 소액 상품은 소니(주)에서 생산해 SMOJ의 미디어 & 배터리 마케팅 본부에서 판매채널이나 가격정책을 검토한다. 또한 미디어 & 배터리 마케팅 본부는 제품 설계에서 상품 관리, 광고 선전 등 여러 제품의 모든 다채로운 마케팅과 연관되어 있다.

뿐만 아니라 유통경로도 제품의 폭이 넓은 만큼 그 과정도 다양하다. 실제 판매는 SMOJ의 지점이 각기 담당하는 판매점(대규모 대리점에서 지역점포까지)을 대상으로 하지만 도매점을 통해 편의점이나 레코드·비디오 대여점, 슈퍼마켓 등 소규모 매장에 배송되는 경우도 있다. 특히 데이터 미디어를 중심으로 기업 대상 공급자를 통해 기업이나 사무실 등에 판매하는 경로도 있다.

그리고 퍼스널 컴퓨터나 AV와는 경로나 매장이 다를 뿐 아니라 시장과 제품의 관계 자체가 다르기 때문에 마케팅의 질도 당연히 다를 수밖에 없다.

당시 미디어&배터리 마케팅 본부 통괄부장이었던 엔도 하지메(遠藤馨)의 말을 들어보자.

"하드 마케팅은 제품 자체가 절대적인 비중을 차지하고, 주로 선전의 힘을 이용하여 새로운 기능 등을 알리는 구조로 되어 있습니다. 그보다 MB에서는 상품으로 큰 차별화를 노리기는 어렵기 때문에 하류 주도형 마케팅을 할 수밖에 없습니다."

구체적으로는 매장에 대해 '이런 판매방식으로 파는 것이 좋지 않을까' 하는 제안을 했다는 얘기다.

"그 이유는 단가가 싸다는 면도 있습니다. 하지만 역시 미디어 & 배터리는 어떤 뜻에서는 설명 판매가 아니라는 것이지요. 그러므로 어쨌든 여러 곳에 두어야 소비자들도 사게 되어 있습니다. 그렇게 되면 판매점측에서 AV 하드 판매와는 또 다른 제품 진열을 요구하기도 합니다. 마케팅이 판매 현장의 소리를 듣고 주장하지 않으면 시장과 동떨어질 수밖에 없는 까닭이 바로 여기에 있지요."

그렇다면 매장과의 접촉, 마케팅의 기본이란 무엇일까.

"먼저 매장을 완벽히 확보하는 일이 중요합니다. 매장이 없으면 물건을 절대 팔 수 없으니까요. TV나 비디오 같은 경우는 매장에 물건이 없으면 기다렸다 사는 일이 가능하지만 MB에서는 불가능한 일입니다."

그렇기 때문에 어떻게 매장을 확보할 수 있는지 노하우를 도매 담당에게 묻기도 한다고 한다. 또 매장에서는 그들의 고민이나 관심사를 잘 들어주고, 그러다 사람의 마음에 감동을 주기도 하면서 그

때부터 서서히 장사이야기를 시작한다고 한다.

브랜드 파워의 이점을 살려라

판매점에 작용하는 것 이외에 제품 자체를 소비자에게 인지시키고 시장을 확대하기 위해서는 어떤 전략을 세웠을까. 이 물음에 엔도(遠藤)는 '브랜드 파워'를 꼽는다. "초기에 미디어는 그저 테이프 레코더의 부속품에 지나지 않았습니다. 그렇기 때문에 대부분 전기용점의 본체 상품을 진열한 옆에 놓이는 경우가 많았죠. 그러던 것이 음악용 하드웨어가 발전하고 음악을 CD 카세트로 녹음해 즐기는 사람이 많아지면서 미디어도 음악용 미디어로 비즈니스에 더 크게 확대될 것이라는 것이 알려지기 시작했습니다. 당시엔 미디어라는 말이 없는 것으로 기억합니다만……. 따라서 어디서 물건을 팔 것인가 하는 문제는 매우 중요합니다. 가전제품이라는 업종만을 상대하지 않고 서점, 레코드 가게, 카메라 판매점 등에서 그 가능성을 추구했습니다. 그게 지금으로부터 20년 전 일인데, 그 일에 먼저 뛰어든 업체가 바로 소니와 TDK입니다. 그래서 음악전용 미디어로서의 시장을 확보하기 위해 전문회사를 차리고 홈센터나 레코드 가게 등을 대상으로 열심히 문을 두드렸습니다."

이러한 음악 녹음 미디어라는 전문성을 철저히 홍보함으로써 시장을 넓히려는 노력은 약 10년 정도 계속되었다고 한다. 이것은 가전제품 마케팅과는 또 다른 세계다. 이렇게 해서 미디어를 다루는 비즈니스 인터넷을 확대하려는 전략이 일단락된 후, 제품의 차별화나 표준적인 포맷을 압도하는 브랜드의 강력한 영향력 등을 이용하여 다른 회사와 경쟁하면서 비즈니스를 확대하는 단계가 온다.

"그렇게 되면 '소니'의 영향력이 있는가 하는 문제가 중요해집니다. 그때까지 소니는 종합 메이커로서의 파워를 주장했지만 테이프만 빼면 겸업 메이커가 아닌가, 하는 생각에 미치게 되었지요. 소니 외에도 테이프 전문 메이커가 있었으니까요. 그러나 그렇기 때문에 오히려 이 '종합', 나쁘게 말해 '겸업'이라는 부분을 역전의 계기로 삼아 소니 브랜드의 특성을 설명했습니다. 다시 말해 품질뿐 아니라 새로운 포맷이나 새로운 즐거움을 제공하는 것이 소니의 브랜드라는 이야기입니다. 이 단계에서 SMOJ가 생겨났고 지금은 그 스타일로 밀고 나갑니다."

조직적으로도 MD나 CD-R, 디지털 계통의 소니 브랜드가 기존에 얻은 분야의 제품을 내놓고 시장을 확대하는 전략도 세웠다. 즉 이러한 전개로 보면 MB의 마케팅으로는 제품 자체의 강렬한 이점을 가질 수 없다.

"(제품의 이점이라는 것이 있는지) 기술자에게 묻는다면 아마도 '있다'고 대답할 것입니다. 그러나 고객 입장에서는 거의 없다는 대답이 대다수일 것입니다. 예를 들어 전지도 어떤 메이커는 몇 배나 더 오래 간다는 식으로 홍보하지만 실제로 그 정도는 아니며, 하드 사용법에 따라 다른 경우도 있습니다. 그러므로 사용자가 어떤 전지를 고르느냐는 기본적으로 신뢰감의 문제라 하겠습니다. 이것은 역시 브랜드 파워에서 오는 영향력이겠지요."

이용자가 제조업체에 갖는 신뢰감이나 전문성에 대한 믿음을 민감하게 파악하고, 그것을 상품 홍보에 적절히 활용하는 마케팅이 그 하나다. 또 한 가지는 기본적으로 갖고 있는 소니 브랜드의 장점과 강력한 영향력을 사용자가 이용할 수 있도록 홍보하고 계속 사용할 수 있게 하는 전략이다. 즉 소니의 브랜드 파워로 상품을 판매하고, 판매 결과로 소니 브랜드를 홍보해 나간다. 신제품이 나온다고 해도 브랜드 전환이 쉽지 않은 MB 장르에는 특징적이면서도 견실한 마케팅이 적합하다는 판단이다.

"우리의 의지는 소니 브랜드를 가장 많이 파는 것입니다. 그것이야말로 수천만 개를 파는 것입니다. 이전에 마츠시타 고노스케(松下幸之助)가 '전지라는 건 고객이 유상으로 가져다 주는 다이렉트 메일(direct mail)이다'라는 말을 한 적이 있습니다. 마츠시타(松下) 씨는 전지에 대해 그런 생각을 가진 것이었죠. 그리고 우리도 소니의 브랜드를 가장 많이, 가장 폭넓게 판매하고 있습니다. 그런 의미에서 고객과 가장 많이 커뮤니케이션하는 부문이기도 합니다. 그러므로 소니 브랜드의 힘을 이용하면서 동시에 많이, 그리고 널리 파는 인터넷을 갖고 더욱 확대해 가는 것이 소니 브랜드를 토털 브랜드로 더욱 강화시키는 것이라고 생각합니다."

뿐만 아니라 특히 가전제품점 등 MB를 AV나 퍼스널 컴퓨터의 하드와 함께 취급하는 매장에서는 소니의 MB를 더 많이 권장한다고 한다. 하드를 구입한 다음 MB를 사는 경우가 있으면 반대의 경우도 있을 것이라는 것이 업체의 생각이다.

"매장에 들러 전지를 삽니다. 거기에 베가나 바이오가 있습니다. 이것은 매우 강한 영향력이라고 생각합니다. 한 개의 테이프나 전지 구입이 계기가 되어 20만, 30만 엔의 제품이 팔리는 식의 토털의 흐름도 의식하고 있습니다."

세대를 인식한 마케팅과 새로운 승부처 만들기

그렇다면 그러한 브랜드 토털로 만들기 위해서는 무엇이 필요한가. 그 중 하나가 세대 마케팅(generation marketing)이라고 한다.

"미래의 열쇠가 되는 세대 마케팅에서는 역시 선두자리를 놓쳐서는 안 됩니다. 14, 15세의 고객에게 '소니는 정말 대단하다', '디자인이 예쁘다'는 반응을 얻었지만 예전과 달리 마니아가 되는 경우는 거의 없습니다. 그러나 그런 사람이 심부름 등으로 맨 처음 소니 물건을 사는 것은 아무래도 테이프나 전지일 것입니다. 그런 의미에서 역시 12~15세 정도의 나이 때부터 MB를 계기로 소니 브랜드에 대한 좋은 인상을 갖기를 바랍니다.

그 아이들을 위해 전지 재킷을 바꾸는 건 어려운 일이겠지만 MD나 오디오용 콤팩트 카세트 등은 젊은 층에서 주로 삽니다. 그 연령층은 소니로서는 절대로 놓칠 수 없는 고객이지요."

예를 들어 오디오용 콤팩트 카세트 시장은 현재 상당히 축소되어 있다. 메이커나 마케팅 면에서도 그러한 시장은 가능한 한 손을 쓰

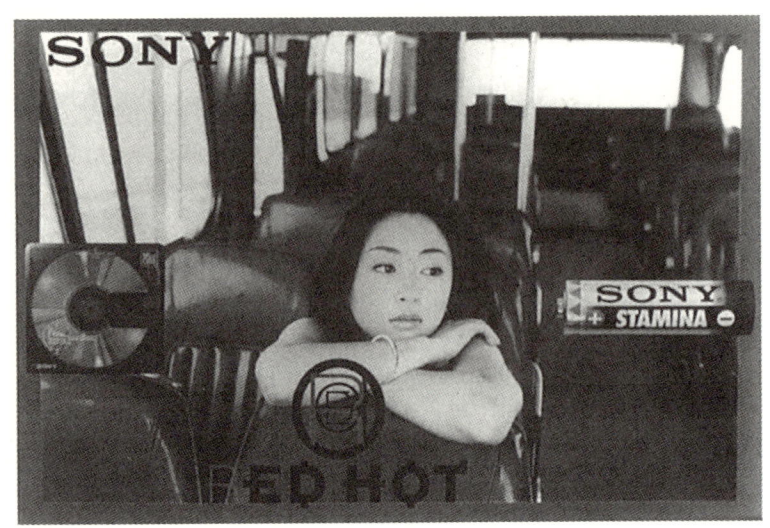

〈사진 3-4〉 RED HOT 캠페인 ' 99 캠페인의 캐릭터 우타다 히카루

지 않고 방치해 두는 편이다. 그러나 소니는 미래의 열쇠가 되는 세대의 이미지를 얻는 일이 중요하다고 판단하여 '절대로 놓치지 않겠다' 는 전략을 세워놓았다.

"MD의 라인업 역시 아주 젊은 연령층을 의식하고 있습니다. 다른 업체에서는 컬러 변화를 내놓는다 해도 대부분 같은 영역의 고정된 배치를 해놓고 '변화가 있다' 고 어필하며 비교적 단조로운 방식으로 홍보합니다. 그에 비해 우리는 연령층으로 변화의 구분을 두며 폭넓은 라인업을 전개하고 있습니다." (사진3－4)

이러한 세대 마케팅으로 최근 크게 화제를 모으는 것이 우타다(宇多田)를 기용해 대성공을 거둔 레드 핫 캠페인이다.

"레드 핫이라는 이름을 내건 것은 1998년에 로린 힐을 캐릭터로 이용하기 시작했을 때부터입니다. 그 기본 목표로 먼저 브랜드 홍보에 소홀하면 의미가 없다는 데 인식을 같이했습니다."

즉 MB의 마케팅에서는 '이번 신제품은 이것입니다'라고 선전해도 그 자리에서 구매 의욕이 상승하지는 않는다. 역시 브랜드 이미지를 철저히 내세울 필요가 있다는 것이다. 또한 MB는 앞에서 말한 바와 같이 가장 폭넓게 많이 팔리는 소니의 브랜드로서, 사용자와의 커뮤니케이션이 가장 폭넓은 상품이 되기 위해 광고나 캠페인으로 높은 질과 사용자를 끌어들이는 전개를 만들지 않으면 결과적으로 효과가 없다고 생각했다.

"규모가 작아도 안 된다는 것이 소니의 입장입니다. 실제로 미디어와 배터리를 하나로 묶어 비즈니스를 전개하는 곳은 소니 정도에 지나지 않습니다. 대다수 오래된 업체에서는 모두 건전지와 전구, 테이블탭, 회중전등 등을 하나로 묶어 판매합니다. 그렇기 때문에 이와 같은 전술을 취해도 절대 질 수밖에 없습니다. 상대는 전지업계의 최고니까요. 반면에 우리 알칼리 건전지는 AV나 IT와의 친화성을 가지고 있습니다.

이것과 디지털 미디어를 하나로 묶어 효율까지 생각하면서 다른 회사와는 차별화된 구조로 '소니' 제품을 홍보하고 싶었습니다."

다시 말해 같은 시장에서 다른 형태로 승부를 건 셈이다. 인기 탤런트를 패키지로 채용하는 일은 어느 업체나 할 수 있다. 이런 방법으로 승부하자면 아무래도 기존 업체나 대기업 쪽이 유리하게 비즈니스를 진행할 수 있다. 그러므로 소니만의 수법, 소니다운 브랜드 이미지를 강조한 토털 캠페인 전개가 효과적이라는 이야기가 나오게 된 것이다.

그 결과 레드 핫 캠페인은 첨단 세대에 강하게 어필하며 소니 브랜드 이미지를 향상시키는 견인차 역할을 하게 되었다.

"소니는 좋은 의미에서 브랜드를 강화하려는 노력을 하였습니다. 캠페인 연출도 선행 각 업체와는 다른 방식으로 해왔습니다. 그리고 '소니는 이런 방식으로 한다' 는 인식이 (판매점 등에) 차츰 정착해 왔습니다. 그리고 이 캠페인으로 인해 소니의 매출만 올라가고 다른 업체의 상품 매출이 떨어진다면 (판매점의) 노여움을 사겠지만 (미디어 배터리의) 전체 매출을 끌어올리는 힘도 어느 정도 있기 때문에 이해를 구할 수 있었습니다."

이와 비슷한 일이 배터리의 초기 마케팅에도 있었다. 망간 전지가 주류를 이룬 시절에 알칼리 전지가 등장하자 부가가치에 대해 명쾌하면서도 강렬하게 홍보한 캠페인이 '워크맨 전지' 다.

이 캠페인도 현재와는 아예 조직부터 달랐는데, MB 마케팅 부문에서 발상이 이루어졌다고 한다.

"전지분야에서 소니는 후발업체였기 때문에 기존 업체와 같은 시장에서 시작해 봤자 싸움이 되지를 않았습니다. 이미 오랫동안 건전지는 전구나 회중전등, 배선기구 등과 함께 팔린다는 이미지가 사람의 인식 속에 뿌리깊이 박혔습니다. 그래서 다른 시장 공략을 모색하였습니다. 당시에 알칼리 전지 시장은 규모가 작았고, 우리는 AV에 제대로 맞는 건전지를 내놓으면서 열심히 이름을 알렸습니다. 그 결과 편의점 등의 매장에서 매출이 향상하였고, 특히 편의점에서는 판매방식도 달라졌습니다. 이른바 긴급 피난이라고 표현하면 될까요? '아, 워크맨 전지가 없을 때'에도 편의점에서는 필요할 때 살 수 있습니다."

기존의 판매방식과는 다른 방식을 고안, 빠르고 새로운 채널을 개척하고 성장해 온 것이 알칼리 전지 시장이라고 한다. 이러한 새로운 승부처를 만드는 것이 MB의 후발로서 소니가 선택한 승부 방식이다.

"단지 강조하고 싶은 것은 역시 매장입니다. 레드 핫 캠페인도 겉보기에는 눈에 띄는 것을 여러 가지 하지만 먼저 매장이 캠페인 형태를 갖추지 못하면 절대 팔리지 않습니다. 광고를 보고 '아아, 전지를 사러 가야겠다'고 생각하지는 않으니까요. 광고를 보고 매장에 가서 같은 톤의 캠페인 내용을 본 후에야 비로소 물건을 사는 것이 소비자의 심리입니다.

그러므로 무엇보다 매장을 확립하는 일이 중요합니다. 거기에 상당히 투자하고 물론 사용자를 끌어들일 수 있도록 연구도 해야 합니다."

다양한 수많은 판매현장에 뛰어들어 매장을 넓히고 거기에서 소니만의 새로운 승부수를 던지는 이러한 전략이야말로 MB 마케팅의 진수라고도 할 수 있을 것이다.

호응을 얻지 못했던 표준형

"망막한 지평선을 배경으로, 잘 차려입은 주인공이 눈을 감고 헤드폰을 낀 채 열심히 음악을 듣고 있다." 이 일종의 독특한 분위기를 가진 포스터에 전개된 키워드는 '음악을 갈아입는다' 다. 그리고 이후에 압도적인 인기를 자랑하며 시장을 놀라게 한 상품이 헤드폰 MDR-G61이다. 그때까지 고성능 헤드폰의 상식이었던 머리에 '쓰는' 것이 아니라 좌우 스피커를 어깨 쪽에 연결하고 목 뒤로 돌린다. 따라서 머리가 헝클어질 염려도 없고 이어폰처럼 가벼운 무게로 헤드폰의 고품질 음향을 맛볼 수 있도록 하는 컨셉트다.

헤드폰 MDR-G61 마케팅을 담당한 것은 관련 상품 마케팅부라는 조금 이해하기 어려운 명칭의 부문이다. 이 부문 통괄과장 하시모토 다츠미(橋本立美)는 이 부서에 대해 다음과 같이 설명한다.

"현재 다루는 것은 헤드폰과 마이크로폰, 전지로 움직이는 스피커, 접속 케이블 관계, 그리고 리모콘이나 셀렉터 등의 AV 주변 등인데, 이러한 것들이 비즈니스의 중심입니다. 조금 색다른 것은 전자북이나 '데이터이터'라는 퍼스널 데이터 파일 상품입니다. 이런 제품을 모두 포함하여 취급품 수는 월 100만 개 정도입니다. 연간 1200만 개 정도가 되는 셈이지요. 물품의 가짓수도 무척 많습니다. 부속품 같은 것은 역시 취급 품종이 많아집니다. 색이나 길이가 바

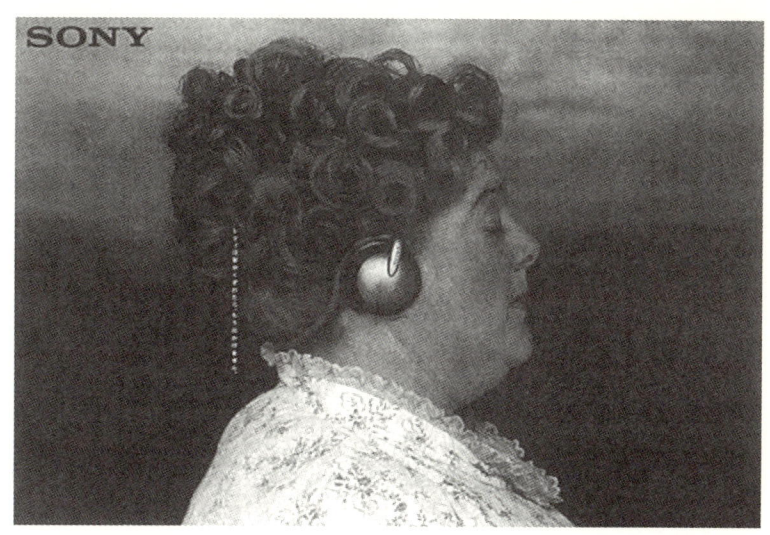

〈사진3-5〉 스테레오 헤드폰 MDR-G61

꾸면 그것이 각각 1품종이 되니까요."(사진 3-5)

　이 막대한 취급 품종 한 점 한 점에 대해 달마다 공장 생산측과 판매와의 관계를 조정하는 것이 관계 상품 마케팅부의 업무다. 헤드폰 등의 상품은 상품 하나하나마다 마케팅 방식이 다르다.

　그러나 케이블이나 플러그 어댑터 등의 부속품은 어디서 어느 정도의 수요가 언제 있을지 정확히 파악하기 어렵다. 1년이 지나는 동안, 판매량을 파악하고 대략적인 판매 수를 예측하여 생산한다고 한다. 실제 판매는 다소 불규칙적이지만 생산과 재고를 조절하여 관리한다. 실제로 시간과 노력이 필요한 마케팅이라 할 수 있다.

　이러한 관련 상품의 카테고리 속에서 헤드폰 MDR-G61은 업계의 상식을 뛰어넘는 빅히트를 기록했다. 이전에 헤드폰은 사용자에게 실내에서 고품질 음향을 즐기는 하나의 도구였고, 밖에서는 음질이 많이 떨어져 귀에 꽂는 이어폰으로 대체하는 형태가 일반적이었다.

"그 무렵 고객에게서 특히 머리에 쓰는 타입은 '머리카락이 헝클어진다' '밖에 끼고 나갈 때 신경이 쓰인다' 등의 불만의 소리를 들었습니다. 또한 귀에 꽂는 타입으로는 디자인과 기호 등의 문제가 늘 과제로 남아 그때마다 여러 시도는 해보았습니다."

헤드폰의 성능과 이어폰 같은 간편한 휴대, 그리고 패션 감각을 갖춘 시장의 다양한 요망을 동시에 충족시키기 위해 1997년 7월에 등장한 것이 헤드폰 MDR-G61이다.

그러나 사내에서는 MDR-G61의 시작품(試作品)을 완성했을 때 그다지 좋은 평가를 받지는 못했다. 현재는 홈 비디오 마케팅부에 배치되었지만 당시에는 MDR-G61의 마케팅 담당으로 활약한 기타요시오(喜多良雄)는 그때의 상황을 다음과 같이 말한다.

"(MDR-G61은) 여름 경쟁이었기 때문에 그 전년(1996년) 9, 10월 라인업 때 시작품을 완성했습니다. 그때는 이러한 숙성된 형태가 아니었으며, 정말 시작품 수준이었기 때문에 좋은 디자인은 기대할 수 없었습니다. 사내에서는 '아휴, 이래 가지고 정말 팔릴까?' 하는 소리가 나올 정도였으니까요(웃음)."

그 후 발표된 헤드폰 MDR-G61은 아름다운 3차원 조형의 세련된 디자인이었지만 시작품에 대해서는……

"머리띠를 그냥 뒤쪽에서 착용한 느낌이었습니다. 당시 다른 업체에 청진기와 비슷한 상품이 있었습니다. 전혀 팔리지 않는 청진기 모양의 제품을 그저 간단히 목 뒤로 넘긴 것뿐이라는 인상이 있었죠. 그래서 '이건 별로 좋은 것 같지 않은데?' 하는 인상을 가지고 있었다."

패션 감각을 전면에 부각시킨 MDR-G61의 이미지는 이 시점까지는 아직 없었습니다.

이전부터 헤드폰 업계에는 업계 토털 500만 대라는 높은 벽이 있었고, 그 벽은 좀처럼 허물어지지 않았다는 것이 그 이유다. 검정색 일변도로 흐르던 외관은 애초 업계 상식의 벽을 타개하기 위한 시행착오였고, 그 중 하나의 해결방안으로 찾은 것이 패션형인 것이었다. 패션 감각을 중시한 상품으로 처음 선보인 것은 '에고' 였다.

"에고를 내놓았을 때 매장 입구에서 손님들에게 '이것은 끼운다기보다는 입는 느낌이 드는 제품' 이라고 설명했습니다. 그리고 다음엔 '헤드폰을 갖고 계시더라도 여분으로 한 개 더 두시는 것이 좋습니다' 라는 식으로 공략했고요. 안경처럼 TPO(Time · Place · Occasion)에 맞춰 갈아입을수 있는 상품이 헤드폰에 있는 것도 좋지 않을까. 그런 생각을 영업측에서 MDR-G61이 나오기 6개월쯤 전부터 계속 이야기해 온 것입니다. 회사의 상품 기획에서도 여러 시행착오를 거듭하면서 이 시작품을 내놓았습니다."

달걀 모양의 참신한 디자인이 특징인 에고는 외부 타입으로는 처음으로 본격적인 패션 감각을 살린 모델이었다. 다양한 컬러가 매우 좋은 성과를 거둔 것이었다.

막대한 주문과 생산 확대를 위한 조정

무엇보다 브로드 타입이 좋지 않은 평가를 얻은 배경에는 개발측이 패션 감각이나 디자인 요소보다는 기능적인 부분만을 추구한 결과였다. 그 후 패션 감각에 장착성과 쾌적성까지 갖추고 사내 디자인에 대한 좋지 않은 평에 대해 철저히 개선하여 세련된 디자인의 MDR-G61이 완성되었다. 하시모토(橋本)는 말한다.(사진 3-6)

"가장 중요한 것은 역시 해방감입니다. 짐이 있는 건 싫으니까요. 이 컨셉트는 보통 가벼운 게 아니라 날개처럼 가볍습니다. 즉 헤드폰을 낀 느낌이 전혀 안 들 정도라는 얘기입니다. 우리는 그 정도의 간편함과 장착성을 추구했습니다. 그런 의미에서 이 제품은 해방감이 매우 높은 헤드폰이라 할 수 있습니다."

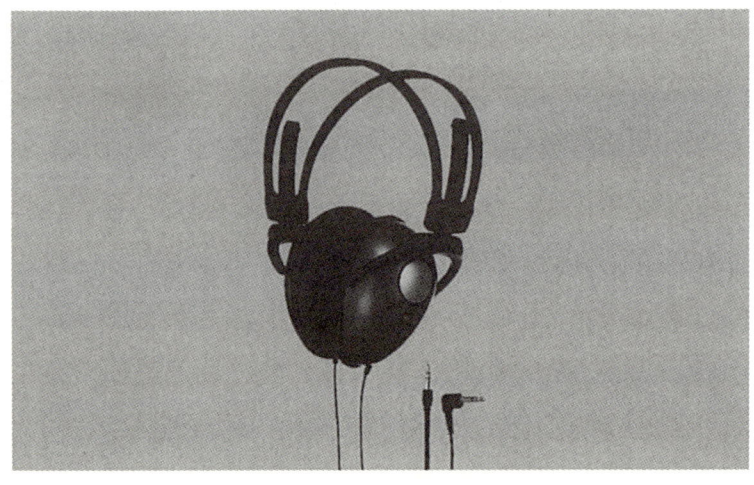

〈사진 3-6〉 스테레오 헤드폰 '에고' MDR-D22SL

개발에 최초로 선보인 원형은 볼품 없는 경우가 적지 않다. 하지만 SMOJ의 영업은 여러 문제점을 들어도 그 자체를 부정하고 기각하는 일은 없다고 한다.

"그러므로 한 걸음씩 앞으로 나아가는 겁니다. 형식 자체는 그대로 찬성할 수 없지만 재미는 충분히 있을 것이라는 의견은 있었습니다. 정말 안 되는 일에 관해서는 '이제 팔지 않겠다' 고 단호하게 이야기합니다."

설계에서부터 '여성에게 받는다면' 하는 의견을 받아들여 여성 사원을 대상으로 조사를 실시한 결과 '머리에 끼우는 스타일에 부담을 갖는 사람이 대부분이 아닐까' 또는 '역시 디자인이 마음에 들지 않는다' 는 부정적인 의견도 나왔지만 의외로 호감을 가진 여성도 많았다고 한다. 이렇게 해서 MDR-G61은 상품으로 만들어지기 시작했다.

"판매량에 관해 마케팅에서는 '판매 예측 수치는 확약하기 어렵다' 는 말을 해왔습니다. 제조 면에서도 수에 관해서는 '이 정도만 해주세요' 하는 것은 없었고요. 그래서 우리 입장에서는 어쨌든 1만 대에 도전하기로 했습니다. 그때 회사측에서 '정말 1만 대를 팔 수 있을까?' 하는 우려의 목소리도 있었죠. 도전하고 싶은 수는 '1만에서 1만 2000대 정도로, 한번 열심히 해보겠다' 는 각오를 가지고 부서 내에서 '어떻게 하면 될 것인가?' 에 대해 계획을 세우기 시작했습니다."

사내 모니터 조사 결과, 지금까지의 헤드폰은 남성들이 사용하는 것이라는 인식이 있는 데 반해 '이것은 여성을 위한 제품'이라는 점을 파악하게 되었다. 그래서 이 정보를 가지고 상담에 들어갔다.

"그래도 그 정보가 지지를 받지 못하면 곤란합니다. 지금은 공급 체인 매니지먼트를 당연시하지만 우선은 소니의 판매방식이나 사상을 이해해 주는 판매점에 상품의 특징 등을 자세히 설명하고 그런 판매점부터 차례대로 상담해 나갔습니다. 상담 상대는 대개 구매 창구의 부장이나 과장은 연배가 많았지만 '한번 써보십시오' 하고 권하면서 착용했을 때 기분을 설명하고 사진을 보며 이런 이야기를 했습니다. '기존의 제품보다 훨씬 가볍습니다. 이 상품은 음질과 우수한 디자인을 자랑할 만합니다. 최대 포인트는 지금까지 사장되어 온 여성 고객을 발굴할 수 있을지도 모른다는 점입니다. 지금까지 가지고 있는 분에게도 또 하나를 구입하실 수 있는 기회를 드릴 만한 좋은 상품입니다'라고 말이죠.

사진이나 모니터를 통해 체험하는 생생한 목소리도 들을 수 있었기 때문에 판매점측의 이해를 충분히 받을 수 있었습니다."

이러한 상담 가운데 하시모토를 비롯한 직원들은 의외의 호감도를 얻는 데 성공한다. 일반적으로 이러한 상담에서는 판매점마다 계획한 대수를 미리 파악하고, 대략적인 설명이 끝나고 나면 상담 담당자인 바이어에게 판매 예상치를 묻는다. 그런데 헤드폰 MDR-G61의 상담에서 상대방이 제시한 수는 계획 대수를 훨씬 웃도는 것이었다고 한다.

"예를 들어 어느 판매점에는 '400대를 계획하고 있는데 어떻게 생각하십니까?' 라고 물으면 '아니오, 저희는 더 팔고 싶습니다. 우리 매장은 1000대로 하겠습니다' 라든지 '2000대로 하겠습니다' 라는 반응이 돌아오는 겁니다."

결과적으로 판매 계획한 예상치의 2~3배, 많게는 판매점당 10배에 이르는 주문을 한다. 상담 개시 후 2주일 정도 지난 상황에서의 판매치는 전체적으로 애초에 예상한 판매치의 약 6배인 6만 대를 넘었다. 하시모토 일행은 이번엔 생산 대수 준비로 분주해졌다.

대개 상담 단계 수치는 실제 주문 받는 단계에서 떨어지는 것이 일반적이다. 판매점 입장에서는 '처음엔 소니의 뛰어난 제품이라는 점에 휩싸여 수치를 높게 책정했다' 고 한다. 그러나 이번엔 정반대의 상황이 벌어진 것이다.

"제품 부문과의 회의에서 '어떻게든 생산을 늘려달라' 는 요청을 받았습니다. 그들에게는 '2, 3만 대 정도면 어떻게 해보겠지만, 6만 대를 요구한다면 얘기는 달라집니다. 금형도 없는 상황이라 지금 당장 대답하기는 어려울 것 같습니다.' 라고 했다.

'이미 6만 대는 주문을 받은 상태' '그래도 물건이 다 팔릴지는 알 수 없는 것 아닌가' 등의 토론이 이어졌습니다. 우리 영업부대가 그 단계에서 수를 확약해 놓은 판매점부터 차례대로 어느 정도 주문 받을 수 있는지 집약했습니다. 그러자 10만 단위라는 엄청난 수치가 나왔습니다."

판매점의 '제품이 있으면 사겠다' 는 수를 바탕으로 소니(주) 회사측과 교섭하고 통상적으로는 하지 않는 3개월 이후의 주문치 예상액까지 집계에 넣었다. 그 결과 드디어 금형 2대의 증설을 포함한 증산체제가 통합되었다. 단, 이것은 소니 전체 입장에서는 억 단위를 투자하는 도박과도 같은 것이었다.

"우리의 영업은 판매 대수를 확언하는 위험 부담을 안고 생산 대수를 늘렸습니다. 회사 입장에서도 위험한 일이죠. 모두 앞으로의 위험 부담과 정면으로 승부할 각오로 출발했습니다."

그 결과 MDR-G61은 최고의 전성기에는 한 달 판매실적 6만 대라는 빅히트 상품이 되었다. 1997년 말에는 전혀 생산이 따라갈 수 없는 상태에서 모두 12만 대가 팔렸다. '연간 500만 대'가 업계의 상식이라는 점을 감안한다면, 한 달에 그것도 단일 모델로 12만 대를 모두 팔았다는 것은 문자 그대로 상식 파괴다. 1998년 11월부터 새로운 모델이 나온 후로는 시장의 30~40%를 점유하는 등의 기세를 보였다.

홍보 중심의 마케팅 전략으로 시장 창조

하지만 이러한 과정을 통해 시장에 대한 적극적인 마케팅은 없었다. 다시 말해 이들 초기의 실적은 사내 여성을 중심으로 한 모니터 샘플과 상담시 구매 담당자에게 시험 착용하도록 한 다음, 이후의 반응으로 이뤄 숫자, 또 영업부대가 구축해 온 판매점과의 신뢰관계에 의해 3개월 이후까지의 주문을 예측하는 일이 성립되었다고 할 수 있겠다. 그리고 헤드폰 MDR-G61 판매가 시작된 직후에도 주류를 이룬 캠페인 활동은 보이지 않았다. 다만 광고와 홍보활동을 마케팅이 담당했다고 한다.

"트랜드 잡지나 상품 광고 잡지, 그리고 '앙앙'이나 '논노' 등의 패션잡지에도 점차 광고를 넣었습니다. 또, 잡지 매체 광고 섹션에도 (홍보를) 의뢰했구요. 이 상품은 신형이기 때문에 접근하기는 쉬웠습니다."

홍보시에는 스타일의 장점을 충분히 살렸다. 이 광고 전략 가운데 나온 것이 서두에서 언급한 PR 사진이다. 그밖에도 프로 축구선수 미우라 카즈요시(三浦知良) 선수가 애용하는 모습을 보도하거나 여성층을 타깃으로 홍보해 나갔다. 이것이 성공을 거둔 것이다.

"대단했죠(웃음). 그래도 일보 직전에 그러한 조짐은 있었습니다. 오사카 점이었나? 여고생들이 우르르 한꺼번에 매장으로 몰려와 물건을 사가는 모습이 몇몇 매장에서 눈에 띄었습니다.

상품을 (선반에) 놓기 전 평평하게 쌓아놓은 곳에서 가끔씩 물건을 사가는 겁니다. 지금까지 그런 경험은 해본 적이 없습니다. 눈 깜짝할 사이에 1000대가 팔렸습니다. 우리가 판매점에 말한 것이 아니라 판매점측에서 요청해 와 매장 입구에서 사라져 버린 경우말입니다."

생산이 따라가지 못하고 매장에 없는 것이 반대로 화제가 되어 '어디서 살 수 있을까?'라는 문의가 쇄도했다고 한다. 소니를 이해해 주고 적극적으로 참여해 주는 일부 가게만을 중시할 생각은 추호도 없었지만 그러한 가게는 매장 면적도 판매 담당과 대화한 후 확대했기 때문에 점차 상품이 없어졌다. 결과적으로 의도한 것은 아니지만 그런 적극적인 가게에 상품이 유통되는 사이클이 출현하였다.

"평소부터 소니에 대해 좋은 이미지를 가진 판매점과 오늘날의 공급 체인 형식으로 상담해 준 것이 결과적으로 좋은 순환을 가져왔다고 생각합니다."

생산 부족에 대해서는 해외 수출분을 일본 내로 대체하는 경우도 있었다.

"제품이 부족했을 때 이제 '다른 쪽의 것을 빼앗자'는 의견이 나올 정도였습니다. '죄송한 말씀이지만 미국과 유럽 출하분을 나눠 주시면 안 될까요?' 하고 회사측에 부탁해 현지와 조정한 적도 있습니다. 한때는 그렇게라도 해결해야 하는 상황이었지요."

생산 능력은 애초 2만 대 전후였지만 그 후로는 한번에 5만~6만 대로 확대되었다. 그리고 다음 단계에서는 8만~10만 정도로 부풀어 올랐다. 이렇게 10만 전후의 능력을 갖추면서 해외 전개가 예상되었지만 그것을 조금 늦춰 일본 내 시장을 돌보며 주력하기로 했다고 한다.

하지만 그 배경에는 일본 내 시장을 중요시하는 국제 기업 소니의 톱 매니지먼트가 숨어 있었고, 또한 판매점과의 신뢰관계를 바탕에 둔 냉정하면서도 적확한 판매 예측이 있었다는 데 주목할 필요가 있다. 어디서 어느만큼 팔렸는지에 대한 정보를 통괄하며 각각의 영업 담당지역뿐 아니라 광역적인 정보를 종합하고 '반드시 팔릴 것이다'는 확신에 찬 예측을 형성하면서 그것을 판매점과도 연계하여 마케팅 · 영업 · 판매점 등에서 공유했다는 얘기다.

한편 실내용 헤드폰의 질 향상에도 신경을 썼다.

"밖에서 사용하는 것은 제 기능을 하지 못하는 경우가 있으므로 상품의 개발 단계에서 실내용 모델을 확실하게 보유해야 합니다. 실내용 모델의 질을 정확하게 끌어올리고 밖에서 사용하는 제품은 장착성과 디자인, 그리고 착용감 등에 더 신경쓸 뿐 아니라 여러 의미에서 경쾌함을 중시해 나갑니다. 특히 워크맨 계통은 더욱 그렇게 하고 있습니다."

헤드폰 MDR-G61을 출시했을 때 더 나은 음질을 요구하는 사용자에 대해 밀폐 타입의 신형을 발매했다. 무엇보다 음질을 요구하는 소리에 답하기 위해서였다. 결국 이렇게 해서 종적으로 확산하는 가격 변동과 횡적으로 확산하는 전혀 다른 타입의 상품을 공급했다.

그 결과 오픈 에어 타입 헤드폰의 업계 규모가 약 120만 대였을 당시부터 현재의 260만 대까지 이어지면서 시장이 배로 증가하였다. 다른 내부형이나 밀폐 타입을 다소 무시하는 경향은 있었지만 업계 토털 연간 판매 대수를 600만 대까지 끌어올렸다.

이것은 시장 규모의 증대로 볼 수 있지만 실질적으로 두세 대 정도의 수요를 생각하는 헤드폰 업계에서는 주목하지 않은 새로운 시장을 창조한 결과라고 하겠다.

최상의 '고객 과제 해결사' 로서 – 전문적 비즈니스

소니의 비즈니스는 전문가 의식에서 시작되었다

적극적으로 광고는 하지 않기 때문에 일반적으로 그다지 알려지지는 않았지만 소니 마케팅 비즈니스의 주류를 이루는 것 중 하나가 프로페셔널 비즈니스(professional business)다. 담당하는 정보 시스템 비즈니스 그룹은 방송국이나 CATV, 영상 제작 프로덕션 등을 대상으로 한 방송용 마켓 부문과 기업 · 관공서 · 교육기관 등을 대상으로 삼은 업무용 마켓 부문으로 크게 나뉘는데, 모두 전문 기기나 시스템을 판매하였다.

현재 가정용 AV기기 분야의 브랜드 가치가 높은 소니지만 실제로 그 비즈니스의 시작은 프로페셔널 비즈니스에 있었다고도 할 수 있다. 방송국이나 학교 · 관공서 등을 상대로 일본 초기의 테이프 레코더 등을 판매했다. 아직 소니가 '도쿄(東京) 통신 공업'이라는 이름으로 사업하던 때를 생각하면 소니는 프로페셔널 비즈니스의 진전과 함께 성장의 역사를 밟아왔다고 할 수 있을 것이다.

현재, 이 비즈니스 분야에서 다루는 상품은 소니 제품 프로페셔널 기기만 해도 약 2000개다.

츠쿠바(筑波) 과학 만국박람회에 등장한 대형 영상 시스템, 방송국이나 레코딩 스튜디오의 프로그램 제작용 기구, 내시경용 모니터나 '프린트 클럽'에 쓰이는 비디오 프린터, 금융기관의 무인 계약기에 채용된 원격 감시 시스템, 나아가서는 지문 조회 시스템이나 음악 데이터, 소프트 등의 콘텐츠 전송 비즈니스용 소프트웨어 등 종류 또한 매우 다양하다. '폭의 넓이' 면에서 보면 소니 마케팅 중에서도 최고 위치에 있다. 그리고 개발 기술력과 영업 컨설팅을 바탕으로 한 보다 높은 질의 서비스와 지원 체제나 시스템 통합, 컴퓨터 인터넷 구축 등 고객에게 최적의 솔루션을 제공하는 비즈니스지만 일반 소비자 상품의 판매 취지와는 큰 차이가 있다.

이 프로페셔널 비즈니스 영역 가운데 방송국에서 이용되는 비즈니스 카메라나 VTR, 편집기 등의 분야에서 소니는 압도적인 시장점유율을 자랑한다. 이것은 소니의 큰 자산이라 할 수 있는 '제품에 대한 신뢰' 때문일 것이다. 그런 디지털화의 조류는 방송국, 포스트 프로덕션, 업무용 등의 상품을 동질화시킨다. 다시 말해 단순히 상품력에만 의존해서는 절대 차별화를 이룰 수 없는 상황이 오고 있다. 또한 고객의 요구도 다양화하여 대규모 비즈니스 모델의 변혁기를 맞았다고 할 수 있겠다.

도쿄(東京) 민영방송 TV국을 담당하는 정보 시스템 영업 본부 방송 시스템 영업 1부의 통괄 과장 하야시 가즈요시(林和義)는 이렇게 말한다.

"분명히 우수한 기술은 필수 조건이지만 마케팅 없이는 비즈니스 역시 있을 수 없다는 것이 우리의 생각입니다."

앞으로의 프로페셔널 영역의 비즈니스 전개는 단순한 상품 공급자에서 탈피하여 고객의 요구와 밀착된 제안을 강화시키는 것이 불가결해졌다.

예를 들어 스튜디오 하나의 영상설비만 해도 하드웨어가 200~300항목에 이른다고 한다. 이들이 함께 조화를 이루며 시스템을 구축해야 비로소 힘을 발휘한다. 따라서 이것을 시스템으로서 잘 짜는 노하우가 없으면 하드나 소프트의 질만으로는 고객의 요구에 부응할 수 없다.

이에 따라 프로페셔널 비즈니스 영역에서는 기존의 상품별 마케팅을 재고하고 스튜디오, 중계차, BS&CS 방송의 송출 설비를 갖춘 시스템 토털 솔루션 마케팅으로 방침을 바꾸었다. 각 상품의 격렬한 경쟁과 함께 시스템 통합에 의한 새로운 가치를 제안하여 차세대에서도 주도권을 장악해 나가려는 전략이다.

기본 마인드는 '고객이 있으므로'

방송기기 업계에서 아날로그 VTR 베타캠으로 압도적인 시장 점유율을 획득한 소니는 일찌감치 VTR의 디지털화를 추진해 왔다. 1980년에 NHK와 공동 개발한 하이비전도 디지털화가 진행되어 기재도 소형화하였다.

그에 따라 지금까지 반드시 중계차가 필요한 촬영이 비약적으로 적극적인 표현 수단이 되었다. 이미 보도 취재에도 소형 VTR가 사용되었으며 우주연락선에서 우주를 촬영하는 활약까지 하고 있다. 1998년 디스커버리에 탑승한 무카이 치아키(向井千秋)는 디지털 하이비전 카메라 HDW-700을 지참했는데, 이 카메라에 찍힌 지구의 선명하면서도 강렬한 영상을 본 사람이 많을 것이다. 2000년에 NHK가 HDCAM을 대량으로 채용하여 시드니 올림픽 보도에서 유래 없는 고품질 영상을 공급한 일은 기억에 새롭다. 방송 기기 업계에서 소니의 기술력은 이미 부동의 위치에 올랐다.

그러나 기술력만으로는 그 자리를 지키기 어렵다. 또한 방송국측에서도 디지털 방송 시대를 향한 생존 전략을 세우기 위해 자신들의 비즈니스 영역의 새로운 방향성을 제시할 최선의 방책을 끊임없이 모색하는 상태다. 그러한 상황에서 SMOJ의 방송 비즈니스에서는 영업담당자가 하나의 방송국에 철저히 침투하는 것을 기본 방침으로 삼는다.

"업체의 영업 담당자라기보다는 방송국 스태프가 되어 그 전략을 지원하겠다는 각오를 갖고 일하는 것이 우리들의 지침입니다. 그렇다고 해서 고객의 요구를 일방적으로 들어주는 것만이 영업 업무라고 생각하지는 않습니다. 어디까지나 비즈니스 파트너로 대등하게 마주보며 대화하는 일도 필요하다고 생각합니다."

매우 평범한 생산 판매의 흐름, 다시 말해 제품을 대량 생산하여 비용을 축소해 판매하는 식의 흐름은 제품 제조의 기본일 것이다. 그러나 앞으로의 비즈니스에서는 어떻게 고객에게 뿌리내리고 맞춤서비스를 제공할 것인가 하는 것도 기본 흐름과 마찬가지고 또는 그 이상으로 중요시된다. 이것을 누구보다 뼈저리게 느끼는 이들이 SMOJ의 프로페셔널 비즈니스 부문 담당자들일 것이다. 그들은 이

구동성으로 공통적으로 갖는 철저한 신조를 이야기한다. 그것은 의역하면 '중요한 것은 고객과 함께 생각하는 것, 그 생각을 확실하게 실현시켜 공급하는 것'이라고 할 수 있을 것이다. 따라서 그들은 날마다 방송국으로 발을 옮긴다. 기술국을 중심으로 방송국 내 운용 면을 조작하는 엔지니어에 국한하지 않고 프로그램 제작이나 편성을 담당하는 스태프들에게서 '어떤 프로그램을 제작할 것인가' '그러기 위해 어떤 설비가 필요한가' 또는 '소니에 무엇을 기대하는가' 등에 대해 적극적으로 의견을 듣는다. e 커머스 시대라 해도 고객과의 커뮤니케이션이 가장 중요한 사항이라는 얘기다.

이것은 정보 시스템 비즈니스 그룹이 SMOJ에 참여하면서 멤버들이 더욱 강하게 인식한다. 하야시 가즈요시(林和義)는 이렇게 회고한다.

"SMOJ가 마케팅 회사로 독립하면서 이전에 소니에서 착수하지 않은 영업 발상 비즈니스를 적극적으로 개척해 나갈 필요성을 절실히 느꼈습니다. 아울러 마케팅 회사가 스스로의 생각으로 소니의 설계 개발부문을 선도할 수 있는 문화를 만들어야겠다는 것이 우리의 목표였습니다."

이에 따라 기존의 비디오 카메라, VTR 등 박스 프로덕트 중심인 소니의 방송 비즈니스는 방향이 크게 바뀌었고, SMOJ는 마케팅 회사의 성격에 디지털 방송시대에 대응한 시스템 창조회사(System Organizer Company)의 기본요소를 보유하는 기업으로 발전을 거듭해 왔다.

항상 마케팅 마인드를 가지고

프로페셔널 비즈니스에서는 영업, 판매 엔지니어, 회사의 설계부문 등 총력을 기울인 영업활동이 있을 때 비로소 비즈니스가 성립한다. 철저한 서비스 지원체제의 유무도 물론 중요하다.

방송용 마켓 영업기술 부문에서 스튜디오 시스템 구축과 관련된 방송 시스템 업무 추진부의 통괄과장 시가 마사히로(志賀正博)는 말한다.

"방송국 설비 설계에서는 케이블 한 대에도 물론 의미가 있으며 그것을 이해하지 않으면 설계할 수 없습니다. 그 의미를 이해하려면 설비뿐 아니라 방송국 전체의 시스템을 이해할 필요가 있습니다. 우리 영업 기술 스태프들은 영업부문과 회사 시스템 설계부문 사이에서 SMOJ의 시스템 통합 부문 스태프들과 협력하여 제안, 설계 역할을 함께 담당하였습니다. 고객들이 제시한 내용을 그들에게 전하고 제안서를 수정하는 것인데, 우리 SMOJ측 스태프의 의도와는 전혀 다른 방향으로 완성되는 경우도 있습니다.

방송국마다 미묘하게 다른 운용 면이나 조작 면에 대한 내용을 실시 설계 담당자에게 전하는 일은 많은 수고를 필요로 합니다."

고객들은 소니에게 뛰어난 기술로 만든 제품이나 개발력뿐 아니라 고객의 소리에도 귀를 기울이고 과제를 해결해 줄 수 있는, 서로 통하는 영업 마케팅 대응을 바라고 있다. 이러한 대응 없이는 진정한 고객 만족은 얻을 수 없다고 해도 지나친 말이 아닐 것이다. 프로페셔널 비즈니스와 관련된 그들의 이러한 발언은 영업뿐 아니라 시스템 엔지니어 면에서도 마찬가지로 높은 의지와 마케팅 마인드를 가지고 있다는 증거라고 할 수 있다.

그들의 비즈니스 자세는 고객의 과제에 접근하는 일에서 요구를 파악하고 회사의 설계부문에서 점차 개발하는 신기술을 집약하여 부가가치를 창출할 해결방안을 모색한다. 그리고 고객이 안고 있는 과제에서 한발 더 나아가 시스템에 머물지 않는 새로운 비즈니스 모델까지 제안한다. 이러한 지금까지의 소니에는 없는 새로운 비즈니스 형태를 실현하는 일, 즉 비즈니스 프로듀서로서의 능력을 발휘하는 일이야말로 SMOJ가 지향하는 비즈니스 스타일의 한 전형이 될 것이다.

21세기를 향하여

21세기는 디지털 콘텐츠 시대라고 한다. 2000년 12월 1일부터 BS 디지털 방송을 시작하였고, 2003년에는 지상파도 디지털 방송으로 바뀔 예정이다. 현재 진행하는 방송 업계의 급속한 변혁은 디지털 콘텐츠 시대를 향한 것이라고 하겠다.

그 예로, 방송국이 안고 있는 막대한 프로그램 콘텐츠의 재고를 디지털 라이브러리화해 효율적으로 관리하고 방송의 디지털화에 의해 앞으로 다가올 다(多)채널시대에 대응할 수 있는 시스템을 구축하는 일을 들 수 있다.

그리고 '차세대 방송국은 어떤 모습을 하고 있을까' 라는 물음에 소니는 어떤 비전을 제시할 것인지 관계자들이 거는 기대는 사뭇 크다. SMOJ 내부에서도 발신의 태동이 시작되고 있다.

앞서 말한 하야시는 말한다. "우리는 방송국이 만들어 내는 컨셉트, '21세기에 이러한 방송국을 만들어 나가겠습니다' 라는 비전을 제시였습니다. '소니는 이렇게 생각합니다' 라는 발신이죠. 그것은 틀림없이 기존의 것과는 차원이 다른 것이며 경합업체가 등장하는 것과는 전혀 별개의 문제가 될 것입니다."

다가올 브로드밴드 시대, 프로페셔널 비즈니스는 방송업계에 머무르지 않을 것이다. 영화 필름과의 친화성을 중시한 디지털 하이비전 HDCAM 24P는 풍부한 표현력과 디지털의 우위성에서 일본 내 영상 제작업계는 물론 할리우드 스튜디오에서도 적극적으로 활용할 수 있도록 검토되었다. 이미 조지 루카스는 「스타워즈 에피소드 2」를 HDCAM 24P로 촬영한 실적도 가지고 있다. 그리고 더 나아가서는 영화를 디지털 신호화하고 영화관에 전달하는 e시네마 비즈니스도 전개되고 있다.

VTR 기술을 응용하여 소니가 개발한 대용량 기억 시스템은 위성에서 보내오는 막대한 양의 데이터를 축적, 해석하는 중심 시스템(core system)으로도 이용할 수 있다. 이것은 NASDA(우주개발 사업단)나 1999년에 하와이 마우나케아 산 정상에 완성한 국립 천문대 '묘성' 에 채택되었다.

의료분야에서도 하이비전은 영상 데이터로서 일찌감치 높은 평가를 받았다. 이것이 표준이 되는 지금, 원격 의료나 의학교육에 활용하는 방안을 모색하고 디지털 자산관리에 대한 관심도 방송국과 마찬가지로 높다.

또한 교육분야에서의 가능성도 크다. 크게 바뀌는 학교 교육 현장은 초·중학교는 균일한 수업에서 탈피하여 창조적인 교육을 지향하고 있다. 대학도 국·공립대학의 민영화와 더불어 생존 경쟁하는 사립대학 등으로 인터넷화에 의한 제휴, 개성적인 학교 만들기 등 '차세대 대학의 생존방식'이 모색되었다.

브로드밴드 시대에 가장 주목 받은 음악이나 영화 등의 다양한 디지털 콘텐츠 전송도 오락·교육·의료 등의 분야를 불문하고 새로운 비즈니스로 확립할 것이다.

프로페셔널 비즈니스 영역이 급속히 확대되는 가운데, 다양한 대규모 시장에 뛰어든 그들은 가장 좋은 '고객 과제 해결사'이기 위해 소니 제품뿐 아니라 일본 내외의 제품, 기술 동향을 살피며 고객의 말에 끊임없이 귀를 기울이고 있다.

4

새로운 비즈니스에 대한 도전
다음 세대의 창조와 발전을 위하여

SMOJ의 인터넷 비즈니스

제3장에서는 SMOJ가 성립되기 이전, 즉 소니(주)에서 시작한 제품군 또는 시장에 대한 마케팅을 살펴보았다. 이들은 물론 SMOJ로서의 새로운 사상과 방법론, 또는 조직, 오퍼레이션 구조에 의해 최적화 방안을 모색해 왔는데, 기존의 제품군이나 시장 면에서 볼 때 정통적인 성격의 마케팅이라 할 수 있다. 한편, 아날로그에서 디지털로, PC에서 네트워크로 변하는 시대의 흐름에 부응한 새로운 시장, 새로운 비즈니스에 대한 마케팅도 미래를 향한 SMOJ의 커다란 과제라 할 수 있다. 여기서는 이러한 새로운 시대 비즈니스라고 할 만한 장르의 마케팅에 대해 생각해 보기로 한다.

서두에서도 말한 바와 같이 인터넷 환경의 급속한 보급은 비즈니스 형태를 크게 바꿔 놓았다고 볼 수 있다. 가장 단적인 예가 인터넷상에 전개된 사이버 매장에 상품을 전시, 판매하는 인터넷 쇼핑몰과 인터넷 쇼핑몰을 포함한 은행 업무 등 상거래 전체를 전자 정보로 결제하는 e커머스일 것이다. 전자는 이른바 통신 판매와는 구별해 일반 점포에서 물건을 살 때와 마찬가지로 상품 선별이나 정보 수집까지 모든 것을 인터넷상에서 해결한다. 반면 후자는 현재 보안문제 등으로 완전히 실현한 것으로 보기는 어렵지만 궁극적으로는 상거래에 따른 지폐나 종이 전표 등이 모두 사라지고 세계 규모의 모든 상거래 디지털 정보에 의해 짧은 시간에 해결되고 결제까지 가능한 구조다.

이러한 인터넷의 기능이 발달함으로써 비즈니스 개념은 크게 바뀌었다. 그것은 통상 업무가 사이버 환경으로 옮겨가는 것일 뿐 어떤 특징이 있는 것은 아니다. 오히려 중요한 것은 모든 비즈니스가 사용자의 만족도를 높이는 일이다.

이것은 실시간 가능하도록 기술을 향상하는 일, 대량 생산에 대한 개인 만족도 향상, 유지 및 서비스의 향상 등 지금까지의 방법론으로는 이룰 수 없는 사용자 본위의 비즈니스 형태를 실현하는 것이다. 또한 동시에 제조와 판매측 입장에서도 고객 데이터베이스를 쉽게 구축하여 시장의 동향을 보다 빨리 파악할 수 있다는 점이나 제품의 라이프사이클, 매니지먼트의 용이성 향상 등 여러 면에서 이점이 있다.

물론 이러한 비즈니스 형태가 일반화되면서 지금까지는 없는 새로운 마케팅 방법이나 사고방식이 등장한다. 알려진 바대로 이미 그것은 급증하는 인터넷 관련 비즈니스 현장에 나타났다.

SMOJ가 소니의 일본 내 시장을 통괄하는 기업으로서 성립한 것도 이 새로운 마케팅 노하우를 검토하고 실천하여 첨예화하는 것이

제품 제조를 포함한 장래의 다양한 비즈니스에서의 사활 문제가 될 수 있다고 판단했기 때문에 가능한 일이다. 그런 의미에서 새로운 시대 비즈니스에 대한 열정은 SMOJ의 새로운 골격이 될 가능성이 있다.

그렇다면 그 상황 속에서 SMOJ는 구체적으로 어떤 새로운 시대 비즈니스를 준비하였을까. 먼저 인터넷 비즈니스 전개라는 관점에서 경영 기획부문 부문장인 고테라 케이(小寺圭)에게 물어보았다.

"아무래도 SMOJ는 마케팅 회사니까 마케팅의 독창성이나 특이함으로 평가받는 회사가 되고 싶습니다. 그것이 저희들의 꿈이죠. 단, 여기서 말하는 마케팅이란 어떻게 판매할 것인가만을 뜻하는 것이 아니라 사용자의 숨은 욕구를 잘 이끌어 내 상품화하는 마케팅을 지향하는 것입니다. 그렇게 생각한다면 디지털의 새로운 환경 속에서 상호작용하는 플랫폼을 만들어 가는 것이 SMOJ의 업무라고 생각합니다."

예를 들어 CS, BS의 디지털화가 시작되었고 나아가서는 상호작용이 가능한 상황 속에서 디지털 위성방송을 이용한 새로운 비즈니스에 참여해 보고 싶은 기업이 늘고 있다. 인터넷의 플랫폼을 이용하면 자사의 상품을 보다 잘 활용한 비즈니스가 가능하리라는 의견이 나왔다. 현재 일본의 비즈니스는 이러한 단계라면 어디서 상담하는 것이 좋을지 쉽게 알기 어렵다. 그것을 '그런 상담이라면 SMOJ에 가보라' 는 말이 나올 정도로 정평이 난 기업활동을 해보고 싶다는 얘기다.

결론부터 이야기하면 디지털 장르에 국한하지 않고 종합적인 힘 또는 회사 전체의 체력을 가진다는 내용이다.

"어떤 서비스를 한다 하더라도 단발에 끝나서는 안 될 것입니다. 단순히 음악을 다운로드할 수 있는 정도라면 이 역시 곤란합니다. 서비스 영역에서는 예를 들어 디지털 TV의 서비스를 이야기할 때 무엇이 필요한가. 메일은 필요하겠죠. 홈뱅킹은 절대 필요합니다. 그리고 홈쇼핑, 네트 증권 등은 필수요소입니다. 쇼핑만 하는 것이라면 누구나 할 수 있겠지만 은행이나 증권까지 생각하면 그렇게 간단하지만은 않으니까요."

다각적이고 종합적인 서비스를 공급하기 위해서는 기업 체력과 더불어 매니지먼트 체력도 필요하다. 그리고 변동하는 비즈니스 환경의 앞날을 내다보며 견고한 의지를 갖고 비즈니스를 진행하는 매니지먼트의 추진력도 매우 중요하다고 한다.

인터넷 비즈니스의 열쇠는 플랫폼

소니는 그러한 기업 체력을 갖추었다. 또한 매니지먼트의 체력에 대해 SMOJ라는 새로운 조직으로 새 출발한 목적 자체가 거기에 있다. 조건을 충분히 달성하는 것은 시간문제라고 봐도 좋을 것이다. 그렇게 되면 새로운 시대 비즈니스의 필요조건, 즉 이러한 비즈니스를 놓쳐서는 안 된다는 이 조건은 과연 무엇을 뜻하는 것일까?

고테라(小寺)는 그 조건에 대해 주저없이 '플랫폼을 정확히 장악하는 것'이라고 말한다.

"(인터넷 비즈니스에서) 수익은 대체로 중기적으로 감소하는 경향을 보입니다. 그러므로 승리하기 위한 열쇠는 '수'에 있다고 볼 수 있지요. 많이 참가하면 그것으로 이긴 것입니다. 그리고 현재, 접속료로 수익을 얻는 비즈니스도 있지만 나는 그런 비즈니스는 장래성이 없다고 생각합니다. 접속료가 무료인 시대가 머지않아 올 것이니까요.

단, 접속해 인터넷을 하면 거기서 고객은 반드시 무언가를 합니다. 물건을 사거나 정보를 교환하거나 음악을 다운로드받는 경우도 있습니다. 접속료에만 의존하지 않고 이런 방식으로 수익을 올릴 방안을 생각해야 한다고 봅니다."

콘텐츠 비즈니스든 프로바이더 비즈니스든, 초기 인기를 누린 고수익은 기술 수준이 평준화되고 경쟁이 심화되면서 수익 감소로 이어진다. 최종적으로 증가 추세를 유지하기 위해서는 아무래도 '수'라는 요소가 불가결해진다.

한편, 인터넷상에서 사용자가 하는 '무언가'에 대해 공통요소를 파악하면 비즈니스로서는 수에 의존하는 것보다는 훨씬 쉬운 일이다. 앞으로 인터넷의 기능이 점차 향상되고 통신활동이 정비되는 가운데 디지털 기술이 가져올 인터넷상의 편이성이 다양한 형태로 실현된다. 그 중 하나가 쌍방향성, 즉 상호작용의 부가다. 그리고 그것은 무질서하게 늘어놓은 기술이 아니라 인터넷상에서 통일화한 규격이 있을 때 가능해진다.

"디지털화가 이루어지면 예를 들어 음악이나 영화를 다운로드받으면서 쌍방향성이 성립합니다. 그렇게 되면 반드시 플랫폼이 필요합니다. 그러므로 이 부분을 놓치지 않는 것이 콘텐츠로 통하는 길이므로 통행료를 지불하는 것입니다."

고테라는 플랫폼 비즈니스를 놓치지 않기 위해 전 단계에서 반드시 콘텐츠 비즈니스를 유지해야 한다고 말한다. '개인의 정보를 이끌어 내는' 매력적인 콘텐츠로 고객을 유치하고 거기서 정보나 물건을 제공하는 측이 고객에게 말을 걸 수 있도록 발전시켜 나간다. 그 앞에 있는 것이 인터넷 비즈니스의 열쇠를 쥔 플랫폼 비즈니스다. 그것은 구체적으로 어떤 것일까? 고테라는 '별로 공식적으로 하고 싶지 않은데……' 라고 말하면서도 두 가지를 예로 들었다.

"소니는 스카이 퍼펙트 TV와 제휴하였기 때문에 CS 디지털 인프라를 이용한 새로운 플랫폼 비즈니스가 한 가지 있습니다. 다른 한 가지로는 다음 세대 휴대 비즈니스를 생각하고 있습니다. 와이드 밴드 CDMA로 최고 2메가 정도의 스피드를 낸다면 ISDN쯤은 문제가 되지 않습니다. 뿐만 아니라 통신비·단말기 모두 가격이 내려갑니다. 그렇게 되면 가정의 아이템을 7, 8개씩이나 전화선으로 연결하는 것은 무리가 있으므로 PC를 구입할 경우에는 PC에 와이드 밴드 CDMA가 부착된 것을 고르는 것이 좋습니다. 그렇게 되면 접속조차도 필요 없어지기 때문이죠. 아니면 브루터스를 사용한 홈 루터 같은 것이 반드시 필요합니다."

특히 휴대폰 비즈니스는 일본에서 특유의 발달을 보였다. 미국이나 유럽은 비교적 일찍부터 케이블 TV를 보급하였고, 가정에서의 접속도 대충 케이블로 해결한다. 일본에서는 케이블의 보급이 늦어지는 대신 휴대폰의 보급이 현저히 빨라졌음을 알 수 있다. "그러므로 휴대폰 플랫폼을 장악하면 앞으로 10, 20년에 걸쳐 매우 좋은 비즈니스를 할 수 있을 것으로 내다보고 있습니다."

생활방식을 제안하는 가상 쇼핑몰 – 소니 스타일 닷컴

사용자와의 대화를 통한 비즈니스 전개

플랫폼을 확립하기 위해 매력적인 콘텐츠를 홍보하는 전략의 구체적인 예로 이미 전개되는 것이 소니 스타일 닷컴이다. 인터넷상에 전개한 쇼핑몰이라는 점에서는 이것을 일종의 사이버 쇼핑몰로 볼 수도 있다. 그러나 SMOJ와 소니(주)가 공동 출자하여 설립한 소니 스타일 닷컴 재팬(주)의 대표이사 사토 가즈마사(佐藤一雅)는 일반 사이버 쇼핑몰과는 다르다고 강조한다.

"현재 인터넷상에서 유행하는 매매 방법은 쇼핑몰이나 경매입니다. 그러나 이외에도 업체와 고객이 직접 연결해 여러 타입의 쇼핑 스타일을 즐길 수 있는 방법이 있습니다. 예를 들어 고객과 캐치볼 하면서 상품을 만들 수도 있겠죠."

쇼핑몰은 구입을 결정한 다음에는 아주 편리하다. 상품의 이름을 입력하면 상품과 관련한 정보가 나오고 곧바로 구입할 수 있다. 그러나 구체적으로 구입할 상품을 정하지 못한 경우에는 키워드 검색에 의해 나오는 막대한 양의 리스트 중에서 찾아야 하는 번거로움이 있다.(사진 4-1)

또한 구입 여부와는 별도로 막연히 상품을 보고 지나가는 일도 쉬운 일이 아니다.

"예를 들어 '퍼스널 컴퓨터'라는 단어를 입력하면 수많은 상품이 우르르 쏟아져 나옵니다. 이것은 현재 쇼핑몰이 나빠서가 아니라 여러 쇼핑 스타일 가운데 만능 방법은 없다는 사실 때문입니다. 한편, 경매는 즐거운 쇼핑 스타일이라고는 생각하지만 자신이 원하는 것이 언제든지 있다고 볼 수 없다는 문제점이 있습니다. 경매는 오

〈사진 4-1〉 http://www.jp.sonystyle.com/home.html

락적인 측면이 강하기 때문에 쇼핑 스타일로 보기에는 다소 무리가 따릅니다."

그래서 업체와 사용자가 직접 대화하면서 다양한 쇼핑 스타일을 즐길 수 있도록 하는 구조나 사용자의 의견을 최대한 수용한 제품 구성 방법을 제안한다. 이것이 소니 스타일 닷컴의 기본적 목표다.

"단 거기까지는 인터넷상에서 누구나 할 수 있는 일입니다. 그러므로 '소니다운' 면모를 보이기 위해 고객이 깜짝 놀랄 만한 소니만의 '특유의 맛'을 낼 수 있어야 합니다. 그것이 가장 중요한 포인트라고 생각합니다. 나는 무슨 수를 써서라도 그것을 1년 내에 만들고 싶습니다."

예를 들어 바이오에 대해 고객의 의견을 수렴하여 기기 구성을 완성하는 주문 시스템도 시작하였다. '하드디스크는 몇 기가' 또는 'CPU는 몇 메가' 등을 주문 받은 후 생산하는 방식으로, 이런 의미에서 주문 방식이나 공장에서의 제조 방법, 사무실 스타일도 바뀌고 물류 처리방식도 지금까지와는 달라질 것이다.

"인터넷은 강한 힘을 지녔다고 생각합니다. 지금까지는 큰 비용을 투자하는 만큼 위험 부담이 따랐습니다. 솔직히 말해 성공한 모델이 있다면 실패한 모델도 산처럼 많이 나오게 마련입니다. 우려하는 것은 성공이나 실패의 체험이 정신적으로 영향을 미치지 않을까 하는 데 있습니다. 색으로 이야기하자면 흑과 백, 그리고 은색이 경험상 안전하다고 해서 그것만 쓰거나 조금 엉뚱하다 싶은 제품은 과거의 경험으로 보아 팔리지 않으니 그만두는 게 낫겠다고 생각하는 것이 그 예입니다.

바로 바이오가 그 전형이지요. PC로서는 계속 성공을 거두지는 못했으니까요. 그런 사례들이 점차 늘고 있는 가운데 인터넷을 이용하면 과감하게 할 수 있습니다. 고민하기 전에 고객에게 물어볼 수도 있고, 디자이너의 생각을 고객에게 직접 전할 수도 있습니다."

그러나 이것은 이른바 '업체 직판'과는 전혀 성격이 다르다. 소니 스타일은 업체 직판 구조로는 할 수 없는 비즈니스를 구축하는 일에 목표를 두었다.

"기존 개념에 얽매이지만 않는다면 얼마든지 있다는 것이 제 생각입니다. 조금 위험하거나 엉뚱한 일들도 인터넷으로는 가능합니다. 우리의 가치는 바로 여기서 증명된다고 볼 수 있지요."

소프트로 생활방식 제안을 노린다

'얼마든지 있다'는 말의 근간은 사용자가 바라는 새로운 제품이나 새로운 생활방식을 좋은 의미에서 기대를 저버리는 정도의 내용으로 발신하는 것이다.

"소니 스타일이라는 이름을 붙였을 때부터 새로운 생활방식이나 새로운 쇼핑 스타일, 새로운 제품 스타일을 제안하고 싶었습니다. 그러기 위해서는 상품이 있는 것만으로는 불충분하며 사이트만 있다고 되는 일도 아닙니다.

두 가지가 조화를 이룰 때 비로소 새로운 부가가치를 창출하는 것입니다. 이것이 없다면 소니 스타일에서 물건을 파는 일은 할 수 없을 것입니다."

소니 스타일이라는 이름은 기업 컨셉트를 짰을 때부터 있는 '사이트를 세계적으로 통일시키고 세계를 향해 여러 일들을 전개해 나가자'는 생각에서 기인한 것이라고 한다. 세계 수준에서 다양한 입장의 사용자가 참가하는 사이트. 그 다양성을 받아들여 더 새로운 생활방식을 제안한다. 사이트 속에서 말하는 것이 스타일이라면 이 방식도 소니의 스타일이라 할 수 있을까. 소니다운 상품, 또는 소니다운 생활방식 등 '소니다운' 요소를 앞으로 더 많이 전개해 나갈 예정이다.

"예를 들어 워크맨은 1979년에 출시해 1980년대 젊은이들의 생활방식을 바꾸어 놓은 제품입니다. 그것은 하드만으로 이루어 낸 대단한 것이었습니다. 다음 세대에는 마케팅의 독특한 향기를 내는 새로운 생활방식을 제안했습니다. 그렇게 되면 앞으로의 브로드밴드 시대, 닷컴 시대의 새로운 생활방식은 반드시 소니 스타일이어야 한다는 것이죠. 몇 가지 정도는 '제품'으로 승부하고 싶은 마음도 있습니다. 그 부분은 SMOJ나 소니(주) 회사에서 나온 것이 아니라 우리 소니 스타일의 마케팅이 해낸 것이라는, 그리고 우리가 생활방식을 창조한다는 기개가 있습니다."

소니의 하드웨어와 인터넷, 그리고 몇 가지 콘텐츠 서비스를 더하면 지금까지와는 전혀 다른 생활방식을 볼 수 있다. 예를 들자면 그것은……

"이렇게 생각해 주면 좋겠습니다. 워크맨이라는 제품이 있는데, 이것은 어디까지나 제품일 뿐입니다. 우리는 워크맨에 서비스와 인터넷을 더하여 상품을 만듭니다. 그러므로 소니 스타일에서 구입하면 다른 제품과는 뭔가 다르다거나 생생한 느낌이 든다거나 미래가 보인다거나 하는, 그런 제품을 목표로 하였습니다."

거꾸로 말하면 앞으로는 하드만 만들어서는 새로운 생활방식을 제안하기는 어려울 것이라는 얘기다. 소니 스타일이 성립된 것도 바로 새로운 시대에 대한 위기감이 있었기 때문에 가능했다.

근본적으로 소니의 가치관이 바뀌어서는 안 되겠지만, 새로운 시대에 대비하기 위해서는 기존의 것에 대한 미련을 과감히 버려야 한다. 그것은 제품을 만드는 방식이나 제공 방법 등으로, 이들이 기존 방식으로 계속 나간다면 새로운 스타일을 제안하는 일은 어려울 것이다.

인터넷에 의한 시장과의 관계 형성

계속 진행되는 마케팅 중에서도 시장 조사 부분과 상품 제조를 위한 기획 부분은 시장과 매우 가까운 위치를 갖는다. 사토(佐藤)는 그 부분이 소니 스타일의 가장 큰 강점이며 그렇기 때문에 그 이점을 살린 비즈니스를 실행해야 한다고 역설한다.

"보는 방법은 두 가지가 있습니다. 하나는 고객 입장에서 보고 업체 중에서 (소니 스타일이) 가장 가까운 곳에 있도록 하는 것, 다른 하나는 소니측에서 보고 고객 입장을 가장 세심하게 배려하는 경우입니다. 나는 이 두 가지가 있기에 부가가치 창출이 가능하다고 생각합니다."

단, 여기서 말하는 부가가치는 이른바 말하는 데이터마이닝이나 일 대 일(원 투 원) 마케팅과는 조금 다르다.

"일 대 일(원 투 원) 등으로 에워싸는 방식은 소니에게 적합하지 않은 전략이라고 봅니다. 이러한 마케팅은 고객의 자세를 규정해 버리는 단점이 있습니다. 우리들 입장에서는 고객이 생각지도 못한, 무언가 특별한 일을 한다는 점에 가치를 두고 있으니까요."

일 대 일 마케팅에서는 사용자에 대해 기호에 맞는 상품 정보나 소프트를 철저히 공급한다. 그러한 방식은 소니답지 않다는 이야기도 들린다. 지금까지는 없는 새로운 상품 카테고리나 잘 활용할 수 있는 정보, 그리고 사용자 자신도 미처 깨닫지 못한 기호를 계발하는 방식, 독특한 말투로 이야기하는 경우에는 새로운 장르에 흥미를 갖게 해주는 것이 바람직하다.

이것도 넓은 의미의 일 대 일 마케팅이라고 할 수도 있겠지만 기존의 일 대 일에 의한 비즈니스에 비해 '조금 다른 느낌이 든다' 는 것이다. 이러한 마케팅을 잘 파악하는 것이 소니 스타일의 시장 점유방식의 기본이라고 한다면, 어떻게 발신할 수 있을까 하는 것이 가장 중요한 문제가 된다.

그런 측면에서 보면 기획력이나 발신력 부분의 강화가 실무 포인트가 될 것이다.

"우리의 마케팅 수법에는 두 가지가 있습니다. 하나는 상품의 기술이나 재료가 이미 있는 경우입니다. 그보다 어떻게 상품에 부가가치를 주어 시장을 형성하고 비즈니스를 확대할 것인가를 생각했을 때, 지금까지의 수법으로는 불가능한 것이 인터넷을 이용하면 쉽게 홍보될 수 있을 것이라는 판단에서 나온 것이죠. 그리고 다른 하나는 인터넷으로 고객과 대화를 나누면서 이러한 비즈니스는 성립할 것이다, 라는 가능성을 보여 주는 경우입니다."

그리고 그 가능성을 최대한으로 확대해 비즈니스로 삼는다. 왜냐하면 사용자의 기대는 자신이 가진 요구를, 언제나 소니가 기대 이상으로 해결해 준다고 생각하기 때문이다.

"맞선 같은 거라고 생각합니다. 고객이 '이쪽이다' 하고 생각하면서도 형체를 알 수 없는 무언가를 계속 보여줍니다.

예를 들어 바이오로는 PC를 이용하여 VTR 같은 역할을 할 수 있습니다. 사내에서 PCVTR라고 읽었지만 그것은 소니가 아니라도 할 수 있는 일입니다. 그러나 이것을 범용적으로 하려고 하면 일이 어려워집니다. 모든 PC에 적합한 MPEG2의 인코더 보드를 만들어야 하고, 어떤 컴퓨터로 작업하든지 작동이 가능한 소프트웨어로 VTR와 같은 기능의 제품을 만들어야 합니다.

또한 인터넷의 TV 프로그램을 안내해 주는 사이트에서 프로그램을 다운로드받아 자동적으로 녹음 예약할 수 있는 제품을 만들어야 합니다. 이들은 몇 년쯤 지나 표준화될 것으로 보이지만 소니의 장점은 '지금 가능하다'는 데 있습니다.

한편으로는 프로그램 가이드 웹사이트에 접속해 바이오 전용 버튼을 만들어 달라고 요청합니다. 바이오의 녹화를 누르기만 하면 바이오 사용자는 누구나 예약 녹화가 가능합니다. 이런 것이 바로 소니 스타일이 지향하는 부분이지요."

앞으로는 표준이 될지도 모르겠지만 아직 앞으로의 일을 생각하는 것이 가장 빨리 실현시킬 수 있는 방법이며, 하드를 가진 업체의 강점이다. 그리고 소니나 소니 스타일에 어떤 기대를 가진 사용자의 꿈을 실현시켜 주는 것이 소니 스타일의 제품을 만드는 방식이라고 한다.

"엔지니어는 자신이 만든 제품은 반드시 팔린다는 믿음을 가지고 있습니다. 그러나 아무리 좋은 물건이라 하더라도 팔리는 데에는 순서가 있습니다.

예를 들어 어떤 상품에 대해 대리점에서는 이미 움직일 수 없는 평가가 나 있는 상황이기 때문에 팔리기까지 시간과 노력을 들이는 판촉을 진행하는 일은 별로 자신이 없습니다.

반면에 소니 숍이라는 소니 상품을 좀더 상세히 보여 주는 가게도 있습니다. 이 경우 소니 숍이 착실하게 시장을 확대하면서 한편으로는 대리점이 일정 수요를 늘려나가는 등의 바람직한 상승효과가 있습니다. 하지만 그러한 나선형에 들어가지 않는 경우도 비일비재했습니다."

시간과 수고를 들여서라도 판촉을 진행하려는 마인드를 가진 판매점에 그 상품에 대한 노하우가 없거나 대리점에서 예상한 판매 예상치와 좀처럼 맞아떨어지지 않아 손을 대지 못하는 경우도 있다. 예를 들어 워크맨의 경우, 판매 직후 700만~800만 대 시장을 형성한 것이 아니라 발매한 이후 반 년 이상에 걸친 꾸준한 판촉 활동을 해왔으며 거기에서 젊은이들의 지지를 받았다고 한다.

"그래도 그 정도의 시장을 만드는 데에는 엄청난 시간이 걸렸습니다. 그러므로 앞으로는 인터넷을 이용하여 판촉하면 그런 혁명적인 상품을 내놓는 유형을 가질 수 있습니다. 그것은 어쩌면 고객과의 캐치볼부터일지도 모르고, 우리측에서 건실한 제안을 할지도 모릅니다. 그런 점에서 (인터넷 비즈니스는) 소니 입장에서는 플러스 요인이 꽤 많습니다."

한마디로 인터넷을 이용한 마케팅이라 표현하는 것은 어려운 일이 아니다. 그러나 소니의 브랜드에 걸맞는 이미지를 유지하면서 사용자의 기대를 뛰어넘는 새로움을 제안하기 위해 기존 마케팅의 벽을 허무는 일이야말로 사토가 말하는 '얼마든지 있다'는 정신적 비즈니스를 창조해 나가는 일이 될 것이다.

거기에는 기존의 방법론이나 단순히 조직을 확대시키고 발전시켜 새로운 인터넷 시대에 경쟁하는 것이 아니라, 밑바닥에서부터 새로운 것에 대한 사고방식을 창조하려는 간절한 의지가 엿보인다. 그것이야말로 소니 스타일이 독립한 기업으로서 새롭게 설립된 이유일 것이다.

일본 내에서의 정보 공급과 브랜드 이미지 향상에 주력

사이버 쇼핑몰 성격의 소니 스타일 닷컴과 달리 기본적으로 정보 서비스 사이트로, 1995년에 시작한 소니 드라이브가 있다.

그 후 1997년 SMOJ가 출발한 이래 '일본 내 전자 정보는 SMOJ가 해야 할 일'이라는 인식에서 SMOJ로 이관하여 현재에 이르렀다. 그러나 소니 드라이브를 담당하는 e마케팅 센터 통괄과장 다카하시 노부유키(高橋伸之)는 발단에 대해 다음과 같이 말한다.

"소니 드라이브를 시작한 지 1년쯤 지난 1996년에 '전 세계에 필요하다'는 인식이 생기면서 소니 드라이브상에 소니(주)의 법인 사이트, 나아가서는 세계적인 내비게이션 사이트를 만들었습니다. 그 무렵 이미 SMOJ를 만들 것이라는 얘기가 있었고 1997년 가을, 사내 인재 모집으로 담당을 채용하고 전자 비즈니스의 일본 지역 사이트로 출발하였습니다."

시작할 당시에는 상품·회사·서비스의 3가지 요소가 중심이 되어 정보를 제공하면서 단순한 정보 안내 단계에서 벗어나지 않았다. 그 후 '정보에 플러스 알파를 더하여 목적한 페이지에 쉽게 들어갈 수 있도록 하는 간편한 항해(easy navigation) 부분을 특히 강화하며' 놀라운 기세로 발전해 나간다.

"그 중에서도 1998년 11월에 출발한 커뮤니케이션 사이트(구 Get

on Sony, 2000년 11월에 소니 드라이브 내에서 재편성)에서는 정보 사이트와는 구별되게 지금까지는 조금 다른 방식으로 선보이며 고객에게도 그 차이를 느낄 수 있도록 디자인 컨셉트부터 시작하여 모든 것을 바꾸었고, 이름도 바꾸어 하나의 독립된 페이지로 만들었습니다."

이 커뮤니케이션 사이트는 기존의 정보 중심이 아니라 사용자와의 커뮤니케이션을 의식한 사이트로 운영했다. 그 결과, 한 달 전후로 300만 건이던 초기 페이지 뷰가 현재는 일본 전자 정보 사이트 전체에서 월 3000만 건에 이른다고 한다.

그렇다면 과연 커뮤니케이션 사이트의 목적은 무엇이었을까?

"크게 나누어 브랜드 이미지를 만드는 일, CS의 향상, 그리고 비즈니스 영역을 확대하는 마케팅 도구를 만드는 것입니다."

기업 사이트에는 여러 유형이 있다. 정보 기능 사이트, 커뮤니케이션 기능을 담당하는 사이트, 판매 지원 등 마케팅 기능 사이트 등이 그것이다. 하지만 소니 드라이브는 어디까지나 정보와 커뮤니케이션의 범위에서 사이드 백업으로 접근하기 쉽도록 만드는 일을 중시한다.

"거기서 오는 안정감이 소비자의 소니에 대한 심적 작용을 이루는 일부가 되도록 노력하고 있습니다."

또한 소니 드라이브와는 별도로 일부 판매점과의 사이에서 엑스트라넷 사이트를 운영하였으며, 여기서는 상품의 생산 완료 시기나 신상품의 발매 예정 등의 정보를 제공한다.(사진 4-2)

다시 말해 판매점을 지원하는 시스템이다. 이에 따라 종합적으로 소니의 브랜드 영역을 확대, 향상시킨다.

"단, 브랜드 이미지를 향상하기 위해 무엇을 어디까지 하는 것이 좋을지는 풀릴 수 없는 숙제일 것입니다. 또한 CS 향상에 관해서는

〈사진 4-2〉 http://www.sony.co.jp/sd/index.html

현재 우리측에서 제공해도 되는 정보 외에는 안내하지 않습니다. 그러나 고객 입장에서 보면 '이것저것 보여주었으면' 하고 느끼는 부분이 많을 것입니다. 자기 자신이 한 명의 이용자라고 한다면 왜 이 종류의 정보가 없는지를 생각하는 경우 또한 많을 것입니다. 그렇기 때문에 CS 향상에 대해서도 해야 할 일은 아직도 많이 남아 있는 것입니다. 비즈니스 영역의 확대에 관해서는 현재 입구에 서 있는 수준입니다.

소니 스타일은 자기 완결형으로 비즈니스를 하지만 소니 드라이브의 경우는 여러 플레이어에 대해 어떤 제공 방식과 도구 사용법이 최적인가 하는 문제는 아직 노하우로 내세울 만한 것이 전혀 없으며, 아직 모색하는 상태입니다. 그뿐 아니라 다른 기업에서도 '바로 이거다' 할 만한 것을 발견하지 못했습니다."

웹을 마케팅 수단으로 사용하는 관점에 서면 하드웨어의 인프라만이 아니라 다양한 주변 부분을 정비할 필요가 있다. 역시 마케팅을 해나갈 때에는 사용자와의 상호작용이 필요하며 주변을 정비하는 일도 중요하다.

"고객 입장에서는 당연히 어떤 상호작용을 기대하며 접근할 것입니다. '수준 높은 마케팅 사이트입니다' 라고 말하는 순간, 고객은 기대를 가질 것이고 어떤 보상이 있어야 그와 같은 상호작용이 성립될 수 있다고 생각합니다.

그러므로 해야 할 일은 얼마든지 있습니다. 구체적으로는 고객과의 관계 유지가 가능한 구조나 이를 위한 데이터베이스를 구축하는 일, 정확히 하나의 라인으로 연결하여 고객과 일 대 일로 대화할 수 있는 환경을 조성할 때 마케팅 도구로서의 플랫폼을 이룰 수 있을 것입니다."

지금 단계에서는 소니 드라이브가 커뮤니케이션 사이트로 자리매김되고 사용자와 업체간 커뮤니케이션이 가능한 곳, 또는 사용자가 직접 참가할 수 있는 장으로서 정비해 가는 것이 첫번째 단계다. 그곳을 플랫폼으로 삼아 마케팅 툴을 확대할 것을 목표로 한다.

커뮤니케이션 사이트로서의 전개

커뮤니케이션 사이트 최초의 시도로, 1998년에 '사이버 샷 클럽'(2000년 2월에 핸디캠 월드와 통합했으며 현재의 'D-imaging World'를 가리킨다)이 시작되었다. 사이버 샷을 구입한 사용자가 주위 사람에게 제품의 장점을 알려 소문이 나기를 기대하면서 게시판과 같은 역할도 했다고 한다. 이른바 참가도가 높은 판촉 도구로서 자신이 촬영한 작품을 게시할 수 있는 서비스도 시행했다. 소니 드라이브에서는 이러한 장을 열어 여러 상품을 대상으로 전개해 갈 계획이다.

"자주 예를 드는 것이 혼다의 S2000입니다. 모터쇼에서 S2000이라는 차를 출시한다는 사실을 발표한 이후 웹상에서 고객과의 대화가 이루어졌죠. 가장 먼저 엔진과 관련한 얘기가 나왔습니다. 참가자인 회원들에게서 '이런 엔진이라면 좋겠다' 또는 '이 밸브는 이렇게 만들어야 한다' 등의 의견이 계속 쏟아져 나왔습니다. 그리고 다음은 타이어 였는데, 마치 나도 참가한 것처럼 그 의견대로 차가 나왔습니다. 그리고 차가 나오면 '차의 카탈로그를 갖고 싶어하는 사람이 있는가' 라고 응수하며 '이 차를 갖고 싶은 사람은 있는가' 하는 질문으로 이어집니다. 거기까지 오면 S2000에 대한 생각이 정리됩니다. 그런 식으로 소비자와 일 대 일로 대화를 나누면서 의견을 듣는 것이 바람직합니다. 하지만 우리가 가진 상품으로 거기까지 가능한지는 예측하기 어렵습니다. 혼다의 방식을 모조리 그대로 가져올 수는 없죠."

단, 제품 제조 내면에 '참가도'를 가지고 오는 수법은 살리고 싶다고 한다. 그밖에도 상당한 위험이 따르지만 상품 제조에 모니터와 같은 형태로 사용자의 의견을 수렴한다는 생각도 있다. 사용자 포럼 등을 개설해 '이것이 공식 사이트입니다. 여러분, 이곳에서 사이버 샷의 아이디어를 생각해 보십시오' 등의 문구를 삽입하는 형식이다.

"하려는 의지만 있으면 얼마든지 할 수 있지만 생산구조가 아직 없어서 고민입니다."

또한 커뮤니케이션 사이트로서의 성립을 강화하기 위하여 사용자와의 친밀감을 높이는 시책도 실시하였다. 정보에서 커뮤니케이션으로의 이행 목표에 따른 것이다.

"실제로 고객과 접속하려고 시도하면 예를 들어 '상담 센터는 ○○○번이며 이곳에서 이렇게 입력해 주십시오' 또는 '회사 정보는 총무과로' 등, 반드시 교환대가 필요합니다. 그러나 사이버에서는 '기능' 마다 고객에 대한 것이 아니라 하나로 통합해 법인격으로 대응할 가능성이 있습니다. 그러한 창구로 만들자는 것이 우리의 목표입니다. 그리고 친밀감을 더하고 기대감에 부응하고자 하는 방향으로 이끌 생각입니다."

하지만 다카하시(高橋)는 소니 드라이브에 대해 '역시 다른 업체 사이트와는 뚜렷이 구분된다'고 주장한다. 무엇보다 사용자의 관점에서 쓰기 편한 정보 수집 오퍼레이션 방법을 곁들이고 자사의 상품 정보뿐 아니라 관련 정보 및 소프트 정보 링크도 풍부하게 구성하여 '제조업체가 아니라 마케팅 회사가 만든 사이트'에 적합한 내용을 염두에 두었다.

"우리 사이트의 특징이라고 할 만큼 복잡한 일은 하지 않지만 스테레오 하면 음악을, 영상기기 하면 영상을 떠올리는 것처럼 역시 콘텐츠가 있을 때 비로소 여러 가지를 만들어 낼 수 있습니다. 그러므로 큰 버튼으로 음악 관련 사이트에 링크해 두는 등의 일을 하고 있습니다."

어디까지나 AV는 '음악이나 영상을 즐기기 위한 수단'이라는 점을 내세우며, 그에 따라 '소니 사이트에 들어가면 종합적으로 여러 곳에 갈 수 있다'는 편이성을 홍보할 수 있다면 특색도 나타낼 수 있고 사용자의 접근 횟수도 증가할 것으로 예상했다고 한다.

"웹사이트를 마케팅 도구로 쓰면서 추구하는 궁극적인 목표는 우량 고객을 얼마만큼 늘릴 수 있는가 하는 데 있을 것입니다. 일단 고객이 된 사람에 대해 어떤 식으로 로열티를 높여서 평생 고객으로 만드느냐에 있다는 얘기죠."

그러기 위해서는 배후에서 데이터베이스를 움직여 등록하도록 하는 정보의 속성에 근거해 필요한 정보를 개인의 희망에 맞춰 주는 맞춤 페이지나 개인 페이지 등의 도입도 가능하다. 카탈로그의 정보나 취급 설명서, 커뮤니케이션 사이트, 지원 정보 등 적어도 '종이'로 된 정보는 모두 나타낼 계획도 가지고 있다. 또한 '비용만 있으면 지금 당장이라도 해보고 싶은' 것이 사이버 상품 전시실 (virtual show-room)이라고 한다.

"상품 전시실이라고 하면 조금 다를지 모르겠지만, 요컨대 '체험 코너'와 비슷한 것입니다. 2차원은 밖에서만 볼 수 있지만 사고 싶은 물건이 있을 때에는 안쪽에서도 보고 싶을 것입니다. 접속 단자가 어떻게 되어 있는지, 손잡이는 돌리는 것인지 누르는 것인지 등에 대해서 말이죠. 그러므로 사이버에서 상품을 뒤집어 뒷모습까지도 보여줄 수 있도록 하고 싶습니다. 더 실제에 가까운 카탈로그 환경을 말하는 것이죠.

그러나 기술적으로는 가능하지만 비용이 엄청나게 듭니다. 브로드밴드가 되면 가능한 환경이겠지만 인터넷 환경과의 균형을 유지하는 일도 중요합니다."

그리고 마케팅 툴로 운영하기 위해 꾸준히 정비하며 시장 정보를 넓고 깊이 파고들 수 있는 사이트로 만들 것이다. 이 점에서 가상 쇼핑몰인 소니 스타일 닷컴과는 다른, 명확한 마케팅 사이트로서 충실할 것을 목표로 한다.

SMOJ의 새로운 비즈니스 – 인터넷 비즈니스 개발부

SMOJ 가운데 새로운 비즈니스, 새로운 마케팅을 모색하고 창조하는 중심적 활동을 하는 것이 인터넷 비즈니스 개발부다. 이것은 원래 상품 카테고리에 속박 받지 않는 새로운 비즈니스나 마케팅을 생각하기 위해 각 마케팅 부서에서 회원을 모집하여 1998년 4월에 출발한 사이버 마케팅 센터를 토대로 만들어졌다. 또한 SMOJ 성립 당시부터 있던 새로운 비즈니스 전략과(課)에서 '무언가 새로운 비즈니스'를 지향하면서 1999년 4월에 창조 마케팅 센터가 생겼고, 나아가서는 2000년 6월에 인터넷 비즈니스 개발부로 발전하였다.

이 역할에 대해 통괄부장 기타모토 히로토(北本博人)는 다음과 같이 이야기한다.

"SMOJ라는 기업이 나아갈 방향은 지금까지 해온 '물건을 만들어 파는' 일보다 한걸음 앞으로 나아가는 영역으로 비즈니스를 확대해 나갈 것을 목표로 하였으며, 이를 실현하기 위한 가능성을 생각해 보는 것이 중요한 역할이라 보고 있습니다."

비즈니스 영역의 확대란 양이 아닌 질적인 확대, 즉 전혀 새로운 비즈니스 카테고리를 창조하는 것을 뜻한다. 오늘날 화제가 되는 세븐 드림 닷컴(이에 대해서는 뒤에서 다루기로 한다)과 같은 비즈니스가 바로 이 부문에서 착안한 발상이다.

"어찌 되었든 시대는 크게 변하였기 때문에 업무 내용도 바뀔 것입니다. 하나는 디지털 인터넷에 대응한 상품이 나오는 것으로, 인터넷을 정비하는 것, 이에 적합한 콘텐츠와 비즈니스를 만들어 내는 일입니다. 이런 의미에서는 넓은 의미에서 세상이 바뀐다고 봐도 될 것입니다.

지금까지 물건을 만들어 파는 일만 해온 비즈니스에서 일 더하기 일은 이라는 공식밖에는 성립할 수 없습니다. 일에 더 큰 가능성을 두고 새로운 비즈니스를 만들어 일 더하기 일을 오나 십 정도로 늘리기 위해서는 역시 종합적으로 사물을 볼 줄 아는 안목이 있어야 합니다.

그러기 위해 뭔가 해보려는 것이 인터넷 비즈니스 개발부의 역할입니다. 다시 말해 이 부서는 SMOJ의 시험대로 일할 것입니다. 반드시 모든 일이 잘 된다고는 볼 수 없기 때문에 '시험대'라고 표현한 것인데, 마케팅상의 시험대가 된 것이라고 할 수 있습니다."

새로운 비즈니스의 가능성을 찾는 실험대

이러한 시험적 마케팅 개발은 그에 따른 위험부담이 있게 마련이다. 적지 않은 인원과 시간, 자산을 투자하기 위해서는 그 나름의 기업 체력은 물론, 위험한 시도인지를 파악할 줄 아는 경영진의 판단이 절대적인 필요조건이 된다.

"요컨대 최고 경영자(하야시 사장)가 "한번 해봐!"라는 말을 해주는 것입니다. 이 말 한마디에 우리는 "어쨌든 잘 해봐야지"하는 마음을 먹습니다(웃음). 가장 중요한 것은 사장단이 포기하지 않는다는 데 있습니다. 뭔가 하려고 했을 때 SMOJ의 기본 방침에 어긋나는 것만 아니라면 일단 시켜보는 쪽으로 밀어보는 것입니다."

거꾸로 말하면 '조금 위험할 수도 있겠지만 해보지 않고는 알 수 없는 법'이라는 비즈니스의 가능성을 구체적인 계획으로 전개하기 위한 접수처가 바로 인터넷 비즈니스 개발부기도 하다.

"에너지라고 할까요? 추진력이나 신념, 결국엔 집념이지요. 거기에 판매자측과 마케팅측, 그리고 제조업체가 손을 잡고 고리를 넓히는 것입니다."

소니가 가진 막대한 기존 상품과 시장, 보유한 기술, 기업 체력, 그리고 가능성에 걸 수 있는 톱 매니지먼트의 지원이라는 조건을 배경으로 인터넷 비즈니스 개발부는 매우 공격적인 전략을 취하는 부서라 할 수 있겠다.

공격적인 성격을 충분히 활용하여 새로운 비즈니스를 만들어 가는 것이 바로 SMOJ식 새로운 비즈니스에 도전하는 기본 자세다. 소니식은 소니식이다. 참신함은 이러한 자세에서 시작하는 것이다.

"재미있는 것은 그런 걸 하고 싶어하는 사람이 있다는 사실입니다. 아마도 그런 즐거움을 허용하는 분위기를 만들어 나가는 것이 소니다운 모습인지도 모르겠습니다. 동시에 경영진에서는 이러한 도전을, 이름을 바꿨는지는 모르겠지만 끊임없이 계속해 왔습니다. 이렇게 유지된다는 점도 매우 중요한 일이라 하겠습니다."

그렇다면 구체적으로 인터넷 비즈니스 개발부에서는 어떤 형태로 업무를 진행하였을까.

"우리의 업무는 기본적으로 기존의 SMOJ 마케팅 본부 체제에서 하지 않은 일, 지금까지 해본 적이 없는 일, 인터넷에 초점을 맞춰 새로운 비즈니스로 만들어 가는 일입니다. 예를 들면 세븐 드림닷컴처럼 아주 새로운 비즈니스를 연출합니다. 인터넷 비즈니스 개발부가 성장하여 그 틀을 만든 것인데, 실제 업무를 담당한 책임자 하타이(畑井, 현 (주)세븐드림닷컴 이사)는 새로운 회사로 자리를 옮겨 그곳에서 활동하는 사람 중 하나죠. 그는 비즈니스 프로듀서 일을 직접 해나가고 있습니다."

새로운 시도 – 왜 '세븐 드림 닷컴' 인가

인터넷 비즈니스 개발부의 비즈니스로 독립한 것이 가장 큰 화제를 불러일으킨 신규회사 '세븐 드림 닷컴' 참여다. 세븐 드림 닷컴은 알려진 바와 같이 편의점 체인인 세븐 일레븐 재팬과 소니(소니(주)와 SMOJ), NEC, 노무라 종합연구소(野村綜研), 미츠이 물산(三井物産)이 손을 잡은 일대 제휴업체다. 하지만 어째서 소니와 세븐 일레븐일까?

SMOJ에서 (주)세븐 드림 닷컴 이사로 진출한 하타이 나오야(畑井 尙也)는 그 이유에 대해 신규 비즈니스의 창출, 비즈니스 영역 확대의 필연성을 주장한다.

"SMOJ는 매출 구성비의 99%가 하드웨어 판매기 때문에 기본적으로는 박스 판매 회사라 할 수 있습니다. 그러나 최근 들어 AV 기기는 저가격화 추세를 보여 위기감을 느끼게 하였습니다. 더구나 경영의 안정화 측면에서 생각했을 때 박스 판매라는 것은 기본적으로 일회성에 지나지 않는 비즈니스입니다. 앞으로도 사용자가 소니의 상품을 사주리라는 보장은 전혀 없으며 99%를 일회성 비즈니스가 차지한다는 점에서 다시 한번 위기의식을 느낍니다.

그러므로 장래에 확실한 매출을 날마다 올릴 수 있는 계속적인 비즈니스를 고안해야 합니다. 그 결과 매출 확대사업은 당연히 한다고 하더라도 SMOJ 입장에서는 새롭게 '수직 통합형' 콘텐츠에서 인터넷, 하드웨어에 이르기까지 모든 것을 포함한 비즈니스 모델을 고려해야 한다는 의견이 SMOJ 사장 하야시 마사히로(林誠宏)와의 대화에서 나왔습니다."

이 결과, SMOJ에서도 콘텐츠에서 인터넷, 하드웨어까지 포함하여 하나의 비즈니스를 창출하는 '비즈니스 프로듀서'의 중요성을 인식하였다. 그래서 가장 효과적인 시책으로 어떤 일에 가장 먼저 착수할 것인가를 검토했다고 한다.

"출판 · 음악 · 게임 · 영화 등 여러 가지 가운데 영화는 시기가 너무 이르지 않을까, 책을 인터넷에서 유통시키는 일은 나 스스로 별

매력을 느끼지 못했습니다. 그렇다면 음악부터 시작할까, 하는 생각에서 사업을 시작했습니다. 하지만 1997년 당시에는 음악 다운로드라는 것이 '뭘 말하는 건지' 모르겠다는 느낌이 들었는데, 어쨌든 이 분야에서 획기적인 비즈니스를 생각해 냈고, 그것이 바로 이것입니다."

1997, 98년 당시 음악 산업은 CD 패키지로 약 6300억 엔 규모의 시장이 형성되었으나 베스트 음반만 판매되고, 젊은 층이 감소하는 등 음반업계에 위기감이 감돈 시기였다. 그 후 위성을 통한 음악 전송이 시작되었는데, 그 이상의 가능성 있는 비즈니스를 연구하기 시작했다.

"결국 우리가 고안해 낸 것은 편의점이나 간이매점 같이 사람이 많이 모이는 곳에 단말기를 설치해 고객이 MD를 가져와 쉽게 다운로드할 수 있는 비즈니스를 실현하는 것이었습니다."

물론 이 음악 전송은 '세븐 드림 닷컴'의 비즈니스 모델 중 하나에 지나지 않는다. '세븐 일레븐'을 찾는 손님 수는 자동 금전등록기를 통한 숫자만 1일 1매장당 960명에 달한다고 한다. 전국 매장이 약 8400개므로 계산하면 날마다 매장을 찾는 손님이 800만 명에 이른다는 얘기다. 이 고객들이 현 시점의 목표 대상이다. 그리고 최종적으로는 인터넷상에서 가능한 것으로 예상되는 서비스가 모두 편의점에서 가능해졌다.

"e커머스의 가장 큰 난관인 결제와 물류 문제는, 인터넷에서 상품을 신청하고 가까운 '세븐 일레븐' 매장에서 금액을 지불하는 동시에 상품을 받아볼 수 있도록 하는 '얼굴을 볼 수 있는 안심, 안전 서비스'를 실현함으로써 해결할 수 있습니다.

그리고 SMOJ가 새로운 비즈니스의 성공 가능성을 발견한 것도 바로 여기에 있습니다."

비즈니스 영역 확대를 꿈꾸는 SMOJ식 매니지먼트

하드웨어와 소프트 분야의 선두주자인 소니가 새로운 비즈니스 영역을 확대할 때 인터넷을 가진 기업, 그것도 사이버가 아닌 실제 네트워크를 근간으로 하는 기업과 제휴하는 것은 제품 제조의 장래를 생각할 때 당연한 귀결이라 할 수 있을 것이다.

그러나 어느 기업이나 너나 할 것 없이 새로운 비즈니스 영역 개척에 나서는 가운데 솔선하여 실현할 수 있는 소니(주)의 기업 체력, SMOJ의 매니지먼트 비전이란 과연 어떤 것일까. 이 점에 대해 하타이는 가장 먼저 권한양도를 예로 들었다.

"이번 제휴 교섭건에 대해서도 어느 정도의 권한양도가 이루어졌습니다. 다른 여러 기업들은 대부분 '믿을 수 없다'는 반응을 보였습니다. '무슨 권한으로 당신이 그렇게까지 말할 수 있단 말인가'라는 얘기죠. 물론 여러 사안에 대해 경영진에게 보고하며 상담은 하지만 모든 안건에 대해 '그것은 회사에 돌아가서 검토해 보겠습니다'라고 할 수는 없는 노릇 아니겠습니까?

다른 업체와의 제휴 교섭은 일종의 '타류시합(他流試合)'과 같은 것입니다. 즉석에서 스스로 책임지고 결정해야 할 일들이 많은 것은 당연한 일이죠. 누구에게 구속받지 않고 자유롭게 일할 수 있다는 사실에 진심으로 감사하고 있습니다."

소니(주)는 지금까지의 역사 속에서도 상품 개발이나 비즈니스 확대 등의 다양한 국면에서 자유롭고 활달한 기업 풍토를 충분히 살릴 수 있는 큰 힘을 만들어 냈다.

이 자유분방함은 소니 전체가 가진 기업 풍토이지만 여기서 말하는 자유분방함이란 고삐 풀린 망아지처럼 날뛰는 것을 뜻하는 것은 절대 아니다. 이것은 어디까지나 일정한 사상을 가지고 기업 전체의 비전을 실현해 나갈 수 있을 정도를 유지하도록 노력한다.

"예를 들어 세븐 일레븐은 강한 리더십을 바탕으로 움직이고 있습니다. 물론 소니에도 강한 리더는 있지만 질적인 면에서 조금 차이가 있습니다. 결과의 좋고 나쁨을 떠나 매니지먼트 스타일에는 두 가지가 있다고 봅니다. 소니의 경우는 다양한 DNA를 토대로 모두 다양한 방향으로 나아가는 것처럼 보이지만 실제로는 디지털 드림 키즈를 최종적인 비전으로 삼고 있습니다."

서로 다른 기업 문화가 섞여 업무를 추진하는 제휴 속에는 반드시 그런 자유분방함이 통용되는 것은 아니다. 그 가운데서 어떻게 자사의 특색을 살려 성과를 거둘 것인가. 그 대답 중 하나가 최종 비전 달성을 위해 사상을 굽히지 않는 것이다.

하타이는 언급하지 않았지만 비즈니스를 성공으로 이끄는 파워 중 하나는 상황에 타협하지 않고 오로지 자신이 믿고 있는 정론을 끝까지 밀고 나가는 것이라고 주장하는 듯한 느낌을 강하게 받을 수 있었다.

개인에 대한 권한양도에서는 양도받은 권한을 충분히 발휘할 수 있도록 경영자측이 상황을 만들어 주는 것이 중요하다. 마찬가지로 제휴 맺은 가운데 협력사의 역할 분담을 명확히 파악하고 자사의 책임을 다할 수 있는 환경을 창출하기 위해서는 '아니오'를 말해야 할 때 주저없이 할 수 있어야 한다.

SMOJ의 마케팅 비전에는 이러한 소니 전체가 공유하는 사상이 보였다가 종종 숨어드는 것을 발견하게 된다. 소니의 장점 중 하나는 자유분방함을 뒷받침해 주는 매니지먼트에 있다고 할 수 있다.

또 동시에 이러한 자유분방함 속에서 길러지는 '자기 자신이 믿는 방향으로 소신껏 밀고 나가는 자세'가 실제 비즈니스 국면에서 발휘되었음을 느낄 수 있다. 이것이 있을 때 비로소 새로운 비즈니스, 새로운 마케팅 방법론이나 비전이 탄생할 수 있을 것이다.

5

창조적 마케팅으로 시장 형성

SMOJ의 전략과 사상

Sony's Marketing DNA

창조하는 SMOJ의 마케팅

커뮤니케이션에 의한 시장 창조

SMOJ 마케팅 전략의 전체를 생각할 때 가장 먼저 떠오르는 것이 '커뮤니케이션(관계)에 의한 시장 창조' 다. SMOJ의 경우 창조력의 기본이 업체와 사용자, 업체와 판매점, 상품과 상품 등의 '다양한 커뮤니케이션' 에 있다는 점이 특징적이다. SMOJ 사장 하야시 마사히로(林誠宏)도 앞으로 가장 큰 비중을 차지할 것으로 예상하는 마케팅 방향으로 이 부분을 첫째로 꼽았다.

"예전에는 상품을 단품으로 내놓고 흥미를 끄는 마케팅이 주류를 이루었습니다. 그러나 지금은 커뮤니케이션에 의한 시장 창조를 기본으로 삼고 있습니다."

SMOJ에서는 그 하나로 상품 가치사슬이라고 한다. AV-IT 융합에서 볼 수 있는, 어제까지는 각기 단독으로 쓰던 상품의 새로운 관계, 즉 새로운 사용법이나 즐기는 방법을 제안하는 것이다. 예를 들어 동영상이나 음성 데이터를 메모리스틱이나 i.LINK 등에 연결하여 하나의 홈 네트워킹을 구축한다. 하나의 상품으로 완결되는 것이 아니라 상품과 상품을 연결해 줌으로써 더 큰 재미를 추구한다. 하야시는 먼저 이 방향성에 대해 '광고와 마케팅 기법을 모두 포함하여 앞으로 주력해 나가겠다'는 뜻을 밝혔다.

더구나 커뮤니케이션에 의한 시장 창조에서는 고객 가치 체인과 판매자 가치 체인의 두 가지 방향성이 있다. 전자는 업체가 사용자와 어떻게 커뮤니케이션을 이루어갈 것인가를 뜻하는 것이다. SMOJ에서는 이를 위한 구체적 방안으로 소니 스타일 닷컴을 만들어 사용자와의 관계를 어떤 식으로 구축해 나갈 것인지에 대해 다양한 시책을 강구하며 끊임없이 모색하였다. 한편, 후자는 업체와 판매점과의 브로드밴드 시대를 향하여 새로운 커뮤니케이션 인프라를 어떻게 구축할 것인지를 뜻한다. 이는 공급사슬 매니지먼트를 포함해 적확한 전략 동맹을 구축하여 좀더 깊은 관계를 맺는 것이다. "이 세 가지가 커뮤니케이션에 의한 시장 창조로 향하는 핵심 사항입니다."

이를 위해서는 상품 가치사슬과 고객 가치사슬 및 판매자 가치사슬이 밀접하게 연결된 정보 인터넷의 구축을 추진한다.

"판매점과의 사이에서도 인터넷 구축을 적극적으로 추진하고 있습니다. 지역 가전제품점에서 이미 실시하였으며, 가전제품 대리점으로도 확대하여 점차 매장 사람에게까지 정보를 제공할 생각입니다. 앞으로는 판매하기 어려운 상품이 늘어날 테니까요. 예를 들어 플레이스테이션의 경우 '코드 하나로 베가에 연결해 더 나은 화질로 볼 수 있습니다. 그러므로 플레이스테이션을 사면 반드시 베가를 구입하는 것이 ······' 이런 식으로 한마디 덧붙이면 상품의 가치가 달라집니다. 이런 사례는 곳곳에서 찾을 수 있기 때문에 판매 기회가 확대될 것입니다."

이러한 정보를 정확하고 빠르게 매장에 적용하기 위해 이미 인터넷이나 위성에서 다운로드를 활용한 새로운 정보 인프라를 판매점에 도입하기 시작하였다.

정보 전달 속도를 빠르게 하는 것은 물론, 절대로 단일 시점에 빠져서는 안 된다는 점에 주의해야 한다. 업체와 판매점 및 사용자, 마케팅과 시장 등의 관계 변화에 항상 주목해야 하고 사회나 시장의 변화를 주의깊게 살펴야 이 점을 먼저 얻을 수 있다. 커뮤니케이션으로 인한 시장 창조란 기본적으로 '커뮤니케이션'에서 '변화'를 읽을 줄 아는 '대응력'이 있어야 한다.

기초체력 확보로 더 나은 개혁을

이러한 시장 창조력을 발휘하기 위해서는, 지극히 당연한 말이지만 기업은 기초체력이나 노하우를 염두에 두지 않으면 안 된다. 기초적 힘이 약한 회사에서는 어떻든지 창조를 비즈니스에 결합하기까지 다른 자본력을 필요로 하는 등, 독립 노선을 걷기 어려운 경우가 있다. 또한 제품 제조나 마케팅, 판매 노하우가 없을 때는 본래 기업 활동이 창조라는 사이클을 밟을 수 없다.

그렇다면 소니(주)와 SMOJ의 기초체력 만들기란 어떤 것일까.

SMOJ 부사장 사와다 도시하루(澤田敏春)는 기본 원리에 대해 핵심을 파악하여 유지, 확대해 나가는 것이 좋다고 말한다.

"핵심 비즈니스는 내부 집단에서 그대로 유지하고 핵심이 아닌 부분, 곧 새로운 비즈니스나 가능성을 추구하는 부분은 확대해 나갑니다. 그러므로 SMOJ의 기본 전략은 새로운 비즈니스 모델을 하나씩 창조하고, 이를 활용해 하나의 독립된 회사를 차리는 방향입니다."

SMOJ는 비즈니스의 핵심 부분을 담당하고 앞으로의 변화를 예측하면서 서서히 '비즈니스의 황금알'을 낳아 성장 가능성이 기대되는 분야에 대해서는 이를 분사화한다. 소니 스타일 등의 활동은 대표적인 예라 할 수 있다. 그리고 이들 주변의 기업에 의해 SMOJ 본체뿐 아니라 주변 비즈니스까지 함께 활성화한다. 목표는 어디까지나 기업으로의 활성화이며 SMOJ 단독 번영이 아니라는 데 주목할 필요가 있다. 굳이 비유를 들자면 SMOJ는 황금알을 낳는 거위 집단이 활성화되는 것과 같다.

"SMOJ에는 다양하고 뛰어난 노하우가 모여 있습니다. 수주를 받는 시스템에서 아주 좋은 물건도 확보하였습니다. 그래서 그 제품을 인수하는 방향도 검토하였습니다. 뿐만 아니라 마케팅 활동 외에도 노하우만을 판매하는 분야까지 생각하고 있습니다."

제품 제조의 뿌리가 되는 것은 소니(주)가 쥐고 있다. 그리고 상품 마케팅뿐 아니라 기업 활동 및 운영에 관련된 다양한 노하우를 SMOJ가 장악하였다고 해도 지나친 말이 아니다. 이에 따라 여러 비즈니스 국면이나 사회 · 시장 변화에 대응할 수 있는 폭넓은 기업으로 확대해 나가는 것이 바로 SMOJ의 비전이다.

물론 이러한 비전을 지금 당장 실현할 수는 없다. 이미 몇 가지 시책을 강구하기 시작했고, 또한 성과도 거두었으나 좀더 강력한 마케팅 노하우를 발휘하기 위하여 개선해야 할 점도 있다.

SMOJ 회장 고테라 준이치(小寺淳一)는 SMOJ가 안고 있는 과제에 대해 다음과 같이 이야기하였다.

"지금까지의 경과를 보면 새로운 비즈니스 분야는 원점에서 출발했기 때문에 비교적 잘해왔다고 할 수 있을 것입니다. 그러나 기존의 비즈니스 수준을 한 단계 끌어올린 것은 설립 이후 3년 간에 지나지 않으며, 또 3500억 엔 이상의 사업확대를 이루었지만 나는 그것으로 충분하지 않다고 생각합니다. SMOJ가 가진 장점들이 약화되는 것이 아닌가 하는 우려 때문이죠. 업적을 확대해 온 만큼 스태프들이 스스로 발상하고 회사의 구조 개선을 포함하여 제안하는 자기 변혁 능력을 좀더 강화해 나가야 한다고 봅니다."

고테라가 걱정하는 것은 '자기변혁 파워'다. 이것은 생산성 개선뿐 아니라 주로 개혁을 위한 건실한 체질을 만들어 나갈 것을 지향한다. 소니의 세계화 전략을 미국이나 유럽의 오퍼레이션과 비교했을 때 이 개혁을 위한 체질 개선 면에서 충분히 앞서는가 하는 문제를 생각하게 된다.

고테라는 "아직까지 일본 경제는 변화 단계에 있습니다. 그 가운데 유통업계의 상황도 크게 바뀔 것으로 내다보고 있습니다. 이에 대해 SMOJ의 체제가 유리한 고지를 점령하였는지······"를 항상 염두에 두고 있다.

거시적 관점에서 보면 마케팅 비즈니스는 더욱 집중화를 진행하였다고 고테라는 말한다.

인터넷이나 IT의 고도화 상황에서 보아도 마케팅과 같은 정보 분야가 큰 비율을 차지하는 비즈니스에서는 기업의 확대가 인원 증대라고 볼 수는 없으며 오히려 상반되는 경향을 보인다. 때문에 오퍼레이션은 좀더 고도의 합리성을 추구해야 한다.

그러나 고테라는 개선을 위한 시책을 서두르지 않는다.

"젊은 사람들부터 조금씩 변하고 젊은 사람의 발언이 늘어나는 회사가 된다면 앞으로 회사의 발전은 더욱 가속화될 것입니다."

닷컴 비즈니스나 새로운 상품의 가치 제안은 물론, SMOJ는 비즈니스 창출에서도 판매방식 면에서 첨단을 걷는 참신한 분야를 전개해 간다. 도전 정신으로 가득한 자세를 뒷받침해 주는 창조를 위한 비전 중 하나는 비즈니스의 핵심을 지키며 기초체력을 확보하면서 주변에서 새로운 가능성을 창출할 줄 아는 '황금알을 낳는 거위'를 중시하는 비전이 있을 것이다. 거위가 건강하면 주변의 거위새끼가 더욱 대담하게 도전할 수 있다. 그리고 그 거위가 좀더 건전해지기 위해서는 자사의 '개혁을 위한 체질 만들기'에 노력을 기울이는 자세가 중요하다.

새로운 가치를 제안하는 마케팅

SMOJ가 지향하는 커뮤니케이션에 따른 시장 창조를 생각했을 때 제조업체 · 사용자 · 판매점 · 시장 · 사회 등의 요소끼리의 관계를 분석하고 비즈니스 창조력으로 이어나가는 힘은 기본적으로 마케팅에 의한 것이다. 또한 마케팅이 시장을 창조하고 그 결과로 새로운 요구나 새로운 비즈니스가 창출되며, 새로운 상품이 탄생하는 것이 앞으로의 제품 제조 방식이라면 그 일을 담당하는 것은 역시 마케팅 부분이어야 할 것이다.

마케팅이라는 활동을 시장 조사나 분석 등의 수동적인 비즈니스로 받아들이는 사고방식은 이미 소수파에서 볼 수 있는 모습이다. 그러나 마케팅이 적극적으로 정보를 발신하고 시장이나 사용자, 나아가서는 제조업체를 움직여 상품을 만드는 비즈니스 전체를 주도하는 도식은 실제로 행해졌는데도 아직 상상하기 어렵다. 왜냐하면 제품 제조에서 주역은 역시 제품과 상품이기 때문이다. 그러나 새로운 제품 제조를 추진하는 것이 마케팅이라면, 그 추진력으로서 필수적인 기업의 힘이 되는 것 중 하나가 제안력이라 할 수 있다. 당시의 경영 기획부문 사업 전략 그룹 통괄 과장 이데이 마나부(出井學)는 말한다.

"마케팅 파워는 바꿔 말하면 '가설 기획력 · 실행력' 이라 할 수 있습니다. 그러므로 'SMOJ의 자산은 제안력'이라 단언해도 좋을 것입니다. 여기서 말하는 제안력이란 이른바 솔루션 영업만을 가리키는 것은 아닙니다. '이러해야 한다'는 것을 늘 이미지화하면서 원점에서 (비즈니스를) 만들어 갈 수 있는 제안력입니다. 다시 말해 '원점에서 출발한 제안력'이라 할 수 있죠."(그림 5-1)

이데이가 말하는 '가설'이란, 현재 상황에서 해야 할 자세를 비전으로 제시하고 논리적으로 설득력을 갖고 주장하는 것이다. 예를 들어 '새로운 음악을 즐기는 방법은 이런 것이 아닐까' '영화를 통해 맛보는 영상을 실제 생활 속에서 더 잘 살리기 위해서는 이러한 자세가 이상적'이라는 식의 제안을 그 순간에 떠오르는 대로 말하는 것이 아니라 논리적으로 정리하여 말하는 것을 뜻한다.

지금까지의 마케팅 활동에서 전개된 '끊임없는 즐거움'을 비롯한

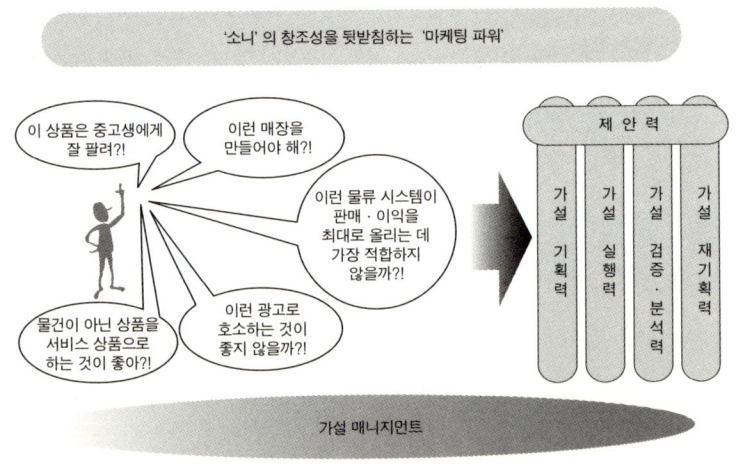

〈그림 5-1〉 비즈니스 영역의 변화

AV-IT의 융합 전략이나 고비용 이미지를 불식하고 평면 TV의 장점을 철저히 홍보한 베가의 전략 등에서도 그 근원에는 새로운 기술이나 상품의 질, 또는 새로운 아이디어가 있지만 언제나 거기서 그치지 않는 스토리를 내포하고 있다. 상품으로서의 장점을 호소하는 것이 아니라 그 상품으로 얻을 수 있는 재미나 가능한 생활방식을 제안하여 상품의 가치를 높이는 것이다. 사용자에게 제안한다는 점에서 그것은 SMOJ가 생활 설계와 같은 역할을 담당하고 있다고 이데이는 말한다.

"극단적인 예가 될 수도 있지만 소니생명(주)에는 고객과의 창구를 맡아 생활 설계에 도움을 주는 스태프들이 있습니다. 이것은 '앞으로 평생 동안 자산 관리는 이렇게 하는 것이 가장 적합할 것입니다' 라고 제안해 주는 직무를 맡은 사람을 말합니다. 생명보험의 내용은 복잡하고 가입자 입장에서 보면 이해하기 힘든 점도 많이 있으므로 그것을 지원하고 가입하는 측의 관점에서 제안해 주는 것입니다. 그리고 업체도 판매점측도 마케팅이나 유통도 제품을 만드는 사람을 대신해 판매한다는 의미에서 '판매 대리업' 이라 할 수 있습니다. 한편 소비자의 관점에서 보면 '구매 대리업' 의 관점도 필요할 것입니다. 다시 말해 수많은 제품 서비스 가운데 무엇이 가장 현명한 선택인지 판단할 수 있도록 정리해 주는 것을 뜻합니다. 그런 사람이 바로 '생활설계사' 입니다."

기업과 사용자간 커뮤니케이션이 새로운 가치를 창출할 수 있는 가능성도 있다고 SMOJ 부사장 사와다 도시하루는 말한다.

"지금까지는 소유한 것의 가치가 일반적이었습니다. 그러나 소유의 가치에서 즐기는 가치를 어필하는 것이 소비자와의 새로운 커뮤니케이션이 될 것입니다. 그것을 어떻게 제안하느냐는 매우 중요한 문제입니다. 이 제안을 하는 것이 우리의 업무기도 합니다. 만드는 측의 '이렇게 쓰기 바란다'는 이미지를 사용자에게 잘 전달하거나 사용자의 요구를 만드는 측에 전달합니다. 이러한 정보 교환만으로도 충분히 의미가 있다고 생각합니다. 제조업체와 사용자의 정보 교환이나 의사 소통, 가치관 공유가 가능할지는 역시 마케팅 능력에 달려 있다고 하겠습니다."

이러한 정보 교환은 소니 입장에서 다른 경합업체보다도 더 중요한 과제라고 사와다는 말한다. 왜냐하면 소니는 지금까지 세상에 없는 새로운 개념의 상품을 제공하는 일이 많았기 때문이다. 다른 기업이 앞선 장르에 새로운 상품을 투입하는 경우라면 이미 그 가치는 시장에 확산된다. 그러나 소니는 그런 경우가 비교적 적다고 한다.

"그러므로 기술의 선진성에서 상품을 만드는 일과 제품의 사용법을 제시하여 고객에게 '새로운 가치를 만들어 내겠습니다'라고 제안하는 일과는 동격의 역할을 필요로 합니다."

기술 지향의 소니(주)와 새로운 가치나 즐거움을 강조하는 SMOJ가 동등한 역할을 담당할 필요가 있다는 얘기다.

한편, 그 제안의 구체적인 계획에는 대체로 어떤 것이 있을까. 앞으로 2~3년 후에 당면하리라고 본다면 그것은 우선 '사이버와 현실의 융합'이라고 SMOJ 사장 하야시 마사히로(林誠宏)는 말한다.

"사이버와 현실을 잘 융합시키는 것입니다. 사이버와 현실을 융합시켜 양쪽의 장점을 살리고 소니식 마케팅을 지향해 나가고 싶습니다. 이것은 아직 어려운 과제라 할 수 있습니다만, 재고를 두지 않는 수주 방식에 주력한다면 (융합의) 장점이 많이 나오리라 기대하고 있습니다."

현재, 소니 스타일 닷컴의 웹상에서 맞춤주문에 가까운 바이오 판매 등 수주 선행에 의한 PC 판매를 시작하였다. 사이버, 즉 인터넷 환경을 채널로 삼아 상품이나 사용법과 관련한 정보를 공개하고 사용자와 밀접한 관계를 맺음으로써 현실 세계의 상품을 좀더 합리적이고 높은 부가가치를 창출할 수 있는 형태로 제공한다. 물론 그것은 상품 정보와 물류라는 의미뿐 아니라 사이버와 현실 공간에서 사용자와 업체가 새로운 관계를 맺는 일에 의미를 둘 수 있을 것이다. 그러나 소비자의 의식이 이러한 판매 방식의 변화를 따라가지 못하는 일은 없을까?

"이는 계속 제안하는 길밖에 다른 방법이 없다고 생각합니다."

브랜드 가치의 향상

제조업체와 사용자의 커뮤니케이션 관계 창조라는 점에서는 소니라는 브랜드 가치를 향상시키기 위한 제안도 중요한 마케팅 전략이다. 소니는 일본의 제품 제조업체로서는 높은 브랜드 가치를 형성하였다고 할 수 있다.

그러나 높은 브랜드 가치를 유지하기 위해서는 상품의 기능이나 성능, 시장의 요구를 앞서는 사용법, 즐기는 방법 등의 장점이 필수임은 물론, 각 상품의 장점을 시장에 대대적으로 알리고 상품으로서의 높은 가치를 나타내는 마케팅, 기업활동 전체를 내세우는 마케팅이 필요해진다. 경영 기획부문 부문장 고테라 케이는 특히 전통적인 상품 카테고리에서는 오퍼레이션 비용을 줄이고 아울러 브랜드 가치를 향상시키는 일이 중요하다고 주장한다.

"(성숙한 상품 카테고리는) 세상에 얼마든지 많이 있습니다. SMOJ의 전체 전략으로서 이 부분은 잔존자에게서 이익을 얻어내야 하는 비즈니스입니다. 어쨌든 다른 회사와의 경쟁에서 이기는 길 외에 이익을 낼 만한 방법이 없으므로, 이익을 내기 위해서는 물론 개발력도 필요하지만 고갈된 기술 상품 분야에서 제조 비용은 어디서 만들어도 똑같은 경우가 생기죠. 그렇기 때문에 앞으로는 철저한 경쟁 전략으로 어떻게 저비용 오퍼레이션을 가능하게 만들 것인가의 문제가 중요해집니다. 다시 말해 비용을 깎는 일과 브랜드 가치 경쟁에서 이기는 길밖에는 없다는 얘기입니다."

브랜드 가치의 향상에는 광고도 PR 활동도 저널리즘 작용 이외에 기업활동의 방향성이나 사회적 활동으로 소니의 가치를 높이는 경우도 있다. 현대는 선전보다 오히려 사회 전체의 활동이나 카리스마가 엿보이는 리더에 의한 향상 효과가 큰 시대가 될 것이라고 고테라는 말한다. 문제는 그 부분을 어떤 마케팅 전략을 가지고 효율적으로 사회에 공급할 것인지에 있을 것이다.

또한 브랜드 가치의 향상에는 이른바 '소니 팬(Sony Fan)'을 확대하는 것도 중요하다. 그것이 SMOJ의 임무 중 앞으로 더 중요도를 높여갈 것이라고 주장한 사람은 당시 경영 기획부문 사업 전략 그룹 통괄과장 이데이 마나부다.

지금까지 소니는 하드웨어로 많은 지지층을 개척해 왔지만 앞으로는 기존의 소니 팬뿐 아니라 오히려 소니 기업의 사회적 활동이나 비즈니스 스타일에 호의를 갖는 '기업으로서의 소니 팬'이나 자신의 생활방식에 새로운 국면을 추가해 갈 것이며, 장래의 소니 활동에 기대하는 소니 팬과 같은 '특별히 관련된 것은 없지만 그냥 소니가 좋다'는 층을 유지, 확보해 가는 일도 필요하다는 이야기다.

"소니 팬 확보를 추진할 때 하드웨어 이외의 부문도 포함해 전개해 가는 것이 중요합니다. 그것이 일본의 마케팅을 통괄한다는 SMOJ의 임무라 생각합니다."

사용자의 마음을 사로잡는 마케팅

사용자의 마음을 사로잡는 마케팅에 대하여

최근 들어 마케팅 분야에서 강조되고 있은 '고객과의 친밀한 관계'다. 즉 사용자와의 계속적인 커뮤니케이션에 의해 신뢰관계를 조성하고 각각의 사용자 요구를 파악해 그에 대응함으로써 제조업체와 사용자와의 보다 친밀한 관계를 구축한다. 이에 따라 가능한 한 장기간에 걸쳐 기업이나 브랜드 팬을 확보하는 기업활동을 요구한다.

이 '고객과의 친밀한 관계'를 추진함으로써 얻는 최대 장점은 많은 상품분야에서 일어나는 시장의 성숙, 포화와 경쟁의 격화에 의해 새로운 사용자를 획득하기보다는 기존 사용자가 계속 자사 제품을 이용할 수 있도록 하는 것이 비용 면에서 저렴하다는 데 있다. 또한 계속 제품을 이용하는 사용자에게 좀더 높은 로열티를 제공함으로써 제조업체나 브랜드에 대한 호감도를 더욱 증대시킬 뿐 아니라 고객 정보 데이터베이스를 활용하여 효과적인 마케팅을 추진해 나가는 일도 쉬워진다. 그러나 소니에서는 일반적으로 말하는 사용자와 관련하여 새로운 상품이나 서비스를 개발하는 식의 방향성은 적은 편이라고 한다.

앞서 언급한 바 있는 이데이 마나부 역시 "현재 일반화한, 즉 사용자의 의견을 수렴하여 제품을 만드는 문화가 소니에는 별로 없다"고 이야기한다.

"(고객의 마음을 사로잡는다는 것은) 소니 팬을 많이 확보해 '소니는 이런 일을 하고 있다'는 것을 고객에게 제안하는 것입니다. 일회성이 아니라 평생 소니와의 관계를 맺는 소비자에 대해 그 활동 가운데 브랜드 가치를 높여나갈 것입니다."

오히려 사용자의 의견을 들음으로써 새로운 형태의 일 대 일(원

투 원) 마케팅을 목표로 삼는다는 것이다. SMOJ 사장 하야시 마사히로(林誠宏)도 이구동성으로 이야기한다.

"현재 상황에서 소비자의 의견을 들을 수 있는 기회는 역시 매장 쪽이 압도적으로 많습니다. 당사의 상담 센터에서는 고객의 요구를 직접 들을 수 있지만 앞으로의 상품화 등에 도움이 될 만한 의견이나 소니에 대한 기대 등은 그냥 묻히는 경향이 있습니다. 단, 상품화에서 유아독존(唯我獨尊) 정도는 괜찮다고 생각합니다. 한편, 소니 스타일 닷컴과 사용자와의 관계에서 데이터베이스를 구축하면 '이 사람은 이번엔 이런 것을 사고 싶어할 것이다' 라는 것을 예측할 수 있는 일 대 일 마케팅이 가능해집니다."

하야시는 어떤 시책을 강구해도 '모든 사용자와 관계를 맺는 것은 도저히 불가능하다'고 말한다. 그러나 사용자와 업체의 이러한 유기적 관계에 따른 커뮤니케이션은 어느 정도의 비율을 가지고 생기는 것이며, 그 과정에서 마케팅 방식은 크게 변화한다고 볼 수도 있겠다.

현재, 유기적인 사용자와의 관계 유지를 목표로 소니 그룹의 기업은 각기 웹사이트를 구축하는 등의 시책을 실시하였다. 이렇게 해서 커뮤니케이션이 성립한 사용자에 대해 다양한 제안을 계속해 생활에 침투한 형태의 생활방식 제안을 포함한, 종합적인 신뢰관계를 형성한다. 소니가 형성하는 큰 흐름 가운데 사람들이 바라는 형태로 자연 속에 잠입하여 소니 팬으로서의 동일성을 갖고 소니에게 더 큰 신뢰감을 갖는다는 도식이다.

고객 관점 중시란 어떤 것인가

사용자와의 관계에서 점차 친밀도를 더한다는 의미에서 보면 마케팅에서 차지하는 고객의 관점은 매우 중요하다. 인터넷과 IT가 고도로 발전해 가속도가 붙으면 기존 마케팅 방법론이 통용되던 시대는 사라질 것이다. SMOJ 부사장 사와다 도시하루는 그런 상황 아래에서 중간 업무의 가치가 소멸했을 때 마케팅에서는 더 크게 고객의 시선을 중요시한다고 말한다.

"인터넷이나 e마케팅 시대는 물건을 만드는 곳과 고객, 즉 업체와 사용자만 있으면 되는 시대가 아닙니다.

그때쯤 되면 물건을 만드는 곳에 직접 고객이 방문하지요. 그렇게 되면 현재 SMOJ가 하는 유통 업무의 부가가치는 어떻게 되는 걸까요. 요컨대 오른쪽에서 왼쪽으로 물건을 유통시키는 업무의 한계가 어딘가에 오면……다음 세대에 우려되는 일 중 하나입니다.

그러므로 앞으로는 가능한 한 많은 고객과의 커뮤니케이션을 구축하고 고객의 요구와 상품, 시장을 확실히 이어나간다는 것이 큰 과제가 될 것입니다. 앞으로는 더욱 고객의 시점을 중시해야 한다는 이야기죠."

예를 들어 배터리나 이어폰 등의 분야에서는 연간 1200만 대 이상의 상품을 내놓는다. 다시 말해 1200만 명 사용자와의 접점이 바로 여기에 있다. 거기서 발생하는 막대한 사용자 정보를 데이터베이스화하여 고객 시선 구축에 활용한다. 중요한 것은 고객 시점에서 서비스 상품을 만드는 일이다. 이를 위한 데이터베이스이자 이를 위한 시책인 것이다.

데이터베이스 구축이란 어떻게 해서든지 시장의 요구를 파악하기 위해, 나아가서는 요구에 맞는 상품 개발을 위해서라는 인상이 강하다. 그러나 SMOJ가 생각하는 것은 어디까지나 마케팅을 위한 데이터베이스다.

즉 SMOJ가 지향하는 고객 데이터베이스는 좀더 합리적인 마케팅을 전개하고 사용자에게 더 많은 로열티를 제공하여 결과적으로 브랜드 이미지를 좋게 하기 위한 데이터베이스다.

SMOJ 회장 고테라 준이치는 SMOJ가 해야 할 일은 유기적인 관계를 맺은 고객과의 데이터베이스에서 어떻게 적극적인 마케팅을 해나가느냐 하는 과제다.

"이번 e커머스에 들어선 것도 가장 중요한 열쇠는 '최종적으로는 소비자와 관계를 맺고 싶다' 는 데 있습니다. 직접 판매하는 것도 하나의 수단이 되겠지만 중요한 것은 소비자와 관계를 맺는 일입니다. 그것은 e커머스뿐 아니라 바이오도 해당이 됩니다."

바이오의 등록 사용자와는 그 관계가 성립된다. 이러한 데이터베이스에 대해 업그레이드를 비롯한 다양한 서비스를 제공한다. 뿐만 아니라 디지털 TV 역시 쌍방향성을 갖게 되면 이와 같은 요구가 발생한다.

"그러므로 SMOJ에게 주어진 가장 큰 과제는 연결된 고객의 데이터베이스에서 어떤 마케팅 수법을 고안할 수 있는지를 파악하는 일입니다. 데이터베이스를 구축해 나가는 일은 재정만 있으면 누구나 할 수 있습니다. 다만, 그것을 어떻게 이용하여 적극적인 마케팅 활동으로 이어갈 것인지 그것이 과제입니다. 이러한 방법론이나 비즈니스에서 타사와 차별화한 전략으로 앞을 향해 나아가야 한다는 것이 우리의 생각입니다."

커뮤니케이션으로 신뢰관계 구축

본 장에서 살펴본 바와 같이 SMOJ 마케팅의 기본에는 '커뮤니케이션에 의한 시장 창조'가 있으며, 그 밑바탕에는 업체와 사용자간 관계를 철저히 재고하고자 하는 비전이 있다. 시장 창조라는 말로 표현하면 오늘날의 세련된 시책과 같은 느낌을 갖지만 상품이 누구를 위한 것인지를 다시 살펴보면 실제로 이것은 제품 제조의 기본 사상이라는 사실을 깨닫게 된다. SMOJ의 목표는 '고객과의 보다 나은 사귐'이라는, 매우 기본적이지만 잊어버리기 쉬운 과제를 인터넷이나 IT, 데이터베이스 등의 도구와 함께 마케팅 속에서 재인식하려는 것으로 느껴진다. 그 결과로 사회나 시장이 어떻게 변하더라도 흔들리지 않는 신뢰관계 형성이라는 마케팅의 새로운 경지를 볼 수 있다.

6

마케팅이 제품이 되는 날

Sony's Marketing DNA

면밀히 계산된 다양성

설립 이후 약 3년 반 동안 계속된 SMOJ의 활동을; SMOJ 성립에 담긴 비전과 계획, 구체적인 시책과 성과 등의 측면에서 살펴보았다. 그렇다면 한마디로 소니의 마케팅이 갖는 강인함, 즉 SMOJ의 최대 특징으로 표현되는 이것은 과연 무엇인가. 그리고 SMOJ의 마케팅이란 어떤 비즈니스일까.

SMOJ 마케팅의 최대 특징을 한마디로 표현하는 것은 매우 어려운 일이다. 전장까지 'e시대 마케팅' '커뮤니케이션에 의한 시장 창조' '새로운 가치 제안' '고객 관점 중시' '생활방식 제안' '사용자와 업체간 신뢰관계' 등의 다양한 키워드를 사용하였다. 그러나 이러한 표현들은 SMOJ의 마케팅을 설명하는 매우 중요한 요소기는 하지만 전체를 포괄할 수 있는 것은 아니다. 본서의 타이틀을 결정할 때에도 이러한 문제 때문에 스태프들은 많이 고민해야 했다. SMOJ의 총괄적인 체제 구축이나 기획에서, 또한 각각의 상품 마케팅 전술이나 기술 면에서도 내포된 마케팅 전략이나 사상은 놀랄 만큼 다양하며 심오하기까지 하다.

그렇다면 이러한 다양성이 SMOJ에는 어떻게 존재하는 것일까.

시대와 사회 및 시장이 급격히, 그리고 극적으로 변화하는 상황에 빠르고 완벽하게 대응하기 위해서는 전략·전술·기술 수준에서 모든 대응력을 가져야 한다. 그만큼 현대 AV-IT 기술과 시장, 그리고 이들을 둘러싼 환경은 변화무쌍하다.

소니는 지금까지 이 극심한 환경 변화 속에서 매우 주도적인 역할을 감당하고 수많은 노하우를 쌓아온 기업이다. 이것이 대응력의 다양성을 창출해 내는 커다란 요인 중 하나라고 할 수 있다.

최근 들어 생물학이나 생태학 분야에서 사회과학에 이르기까지의 복잡한 시스템을 다루는 학술분야에서 다양성이 주목받는다. 그 중 하나는 환경의 변화, 특히 생물의 멸종이 불러오는 극적 변화에 대응하며 살아남기 위해 생명체나 생물집단의 진화과정은 매우 중요한 수단이 되었다.

생존 수단에는 이미 잘 알려진 바와 같이 다수의 자손을 남겨 생존 가능성을 확대하는 '수(數)'의 방법론이 있다. 하지만 이것은 단순하기는 하지만 매우 효율이 떨어지고, 어디까지나 그룹의 존속을 위한 수단이며 '개'의 존속과는 반드시 일치하지 않는 성질이 있다. 한편 다양성에 의한 생존 전술은 효율성이 높을 뿐 아니라 '개(個)'의 존속에도 이용한다. 예를 들어 살아갈 수 있는 환경, 특히 섭취 가능한 식물이 다양해지면 살아남을 확률이 높다. 또한 유전자 DNA에는 사용되는 정보가 기입된 부분이 실제로 조금밖에 되지 않으며 대부분이 무의미한 정보인 것은 DNA가 어떠한 원인으로 파손

된 경우에도 생명체에 중대한 위기가 닥칠 확률이 적어진다.

SMOJ의 다양하고 심오한 마케팅 수법을 살펴보면서 가장 먼저 느낀 것은 이 생명의 생존 전략과의 공통성이었다. 가격, 기능, 얻을 수 있는 재미, 이용하는 생활이나 비즈니스 등 소니의 상품은 실제로 다양한 일면을 가지고 있다.

또한 그것을 공급하는 시장 역시 성숙, 포화 시장이자 과잉 경쟁의 장으로, 모두 똑같지는 않다. 그리고 앞서 말한 바와 같이 이들 상품을 둘러싼 환경은 극적으로 변화한다. 다양한 상품과 시장, 그리고 마케팅 노하우를 확보하는 일, 즉 마케팅의 다양성이 이 변화에 대응하는 하나의 조건이 될 것이다.

동시에 다양한 마케팅 수법을, 상황 변화에 따라 어느 부대, 어느 상품 장르에도 응용할 수 있는 유연성이 SMOJ에는 있다. 그 까닭은 뭘까. 그 중 하나가 상품과 마케팅이라는 직무에 대한 자신감과 브랜드임을 감지할 수 있었다. SMOJ의 스태프들은 모두 한결같이 자신들의 일에 '열의'를 가지고 있다. 그것은 언제나 좀더 나은 방책을 모색하기 위한 원동력이며 이를 얻기 위해서는 기존 시책이나 사례의 속박에는 어떤 구애도 받지 않는다. 이른바 시행착오는 대부분의 경우, 도전 정신에서 비롯한 것으로 여긴다.

그러나 SMOJ의 경우, 도전하는 데 의의를 두지 않는다. 이는 어디까지나 더 나은 결과를 얻는 과정에 지나지 않는다는 뜻이다. 그것은 자신의 일을 사랑하기 때문에 할 수 있는 행동이고, 충분한 검토나 면밀한 계산을 바탕으로 하는 전략이며 도전 정신과는 별개의 것으로 느껴졌다.

어떠한 말을 되풀이하더라도 틀림없이 비난받겠지만 SMOJ의 마케팅을 한마디로 표현한다면 '면밀히 계산된 다양성'이라 할 수 있을 것이다.

새로운 출범 – SMOJ의 제2창업

그렇다면 앞으로의 SMOJ 마케팅은 어떻게 발전해 갈까. 그 답 중하나는 2000년 3월에 SMOJ 간부들이 모여 개최한 경영 회동에서 소니(주) 사장 이데이 노부유키(出井伸之, 현 소니(주) 대표이사. 회장 겸 CEO)가 한 다음의 말에서 찾을 수 있다.

"나는 3년 전 소니의 제2창업의 하나로 소니 마케팅을 만들었습니다. 2000년도에는 SMOJ 자체의 제2창업을 실시할 것입니다. 오늘 나는 이것을 선언하기 위해 이 회의에 참석했습니다."

새로운 출발을 암시하는 강력한 메시지다. 설립 당시 사업 규모 5000억 엔이던 회사를 3년 만에 8000억 엔이 넘는 규모로 변모시켰을 뿐 아니라 제2창업이라는 새로운 형태로 약진을 계속하겠다는 변화에 대한 대응, 선도하는 매니지먼트를 보인 것이었다.

그렇다면 '변화에 대한 대응'이나 '선도'란 어떤 것일까. 이하는 어디까지나 필자의 짧은 SMOJ와의 관계 속에서 이끌어 낸 견해다.

오늘날 소니의 비즈니스 영역은 음악이나 영화의 엔터테인먼트 사업영역, 생명보험이나 손해보험 파이낸스 사업영역, 플레스테(플레이스테이션) 게임 사업영역 등으로까지 확대되었다. 최근 소니의 이미지 조사 결과에서 '소니 하면 가장 먼저 떠오르는 단어'는 놀랍게도 '플레스테'였다. 일본 전자 사업의 규모는 확대되었는데도 오늘날 그 정도로 소니 자체가 다양화, 발전되고 있음을 여실히 보여주는 예라 할 수 있겠다.

SMOJ는 소니의 일본 내 전자 시장 비즈니스를 자기 책임을 갖고 수행하는 회사라는 사실은 이미 앞서 언급한 바 있다.

소니 그룹의 전자사업 비율은 약 3분의 2를 차지한다. 어찌 되었든 전자사업이야말로 소니의 뼈대를 이루는 자산이다. 전자 브랜드 이미지가 약하게 보이는 것은 일반시민 생활에서 보기 어려워졌을 뿐 여전히 SMOJ가 이뤄야 할 사업 규모는 거대하다.

한편 브로드밴드가 자연스럽게 찾아올 정보의 새로운 시대, 즉 영상 작품이나 대용량 데이터를, 누구나 자유자재로 오늘날의 휴대폰과 같은 감각으로 주고받을 수 있는 시대라 하더라도 역시 비즈니스의 차별화는 고객이 실제로 판단하는 하드 기기가 핵심이 된다는 것이다. 그것이 3년 후가 될지 7년 후가 될지는 알 수 없다. 하지만 어쨌든 SMOJ는 오늘날의 경쟁을 뚫고 살아남았고, 브로드밴드 시대의 개막에서 비즈니스로 돌격할 것을 지향하겠다는 강한 의지가 SMOJ 경영진의 경영 방침이다.

다시 말해 거대한 규모의 전자산업에서 포스트 브로드밴드로의 대변화에서 승리할 수 있는 변화에 대한 대응력이 가장 중요하며 지금까지의, 그리고 앞으로의 SMOJ의 진면목으로서 발휘하는 것도 바로 그것이다.

소니(주)의 새로운 사장 안도 구니타케(安藤國威)의 취임도 이러한 일환에서 생각해 보면 틀림없이 전자 비즈니스의 권위를 회복한 경영진 인사로 해석할 수 있다. 그리고 SMOJ도 이에 호응하여 일본 내 고객을 새로운 시대로 인도하는 주도권을 발휘하도록 하고 있다. 대변화를 앞두고 수평선 건너편에 무엇이 있는지 알 수 없는 앞으로의 몇 년 동안, SMOJ는 고객과 판매점의 수로(水路)를 안내하면서 자기 책임을 다할 것을 약속한다.

마케팅 환경이 바뀌는, 즉 제품 제조 환경이 바뀌는 21세기에 고객에게 제안할 수 있는 것이 얼마나 되는가. 그리고 그 제안에서 새로운 가치를 창출하는 비즈니스를 얼마나 만들 수 있는가, 그것이 제품 제조 세계에서 살아남을 수 있는 마케팅의 황금률일지도 모르겠다. 이제 이 대변화를 무대 배경으로, 소니 마케팅 주식회사는 제2창업을 향한 출항을 시작할 것이다.

맺 | 음 | 말 | 을 | 대 | 신 | 하 | 여

내가 처음으로 의식한 소니의 전자제품은 대학 입학 당시 구입한 카세트 테이프 레코더 '카세트 녹음기'인 것으로 기억한다. 그 시절에는 라디오 카세트가 인기를 끌었는데, 나는 단순한 기능이 마음에 들어 그 제품을 선택했다. '프로 지향'의 고성능에 대한 기대도 있었지만 다른 회사 제품과는 다른 구조로 되어 있어 일반 라디오 카세트에서는 기대하기 어려운 '뭔가'를 얻을 수 있을 것으로 기대되었다.

대부분의 사람이 새로운 상품을 생활 아이템의 하나로 이용할 때도 마찬가지로 '뭔가'를 기대할 것이다. '뭔가'의 내용은 사람마다 다르겠지만 여기서는 원하던 상품의 기능이 가져올 본래의 가치뿐 아니라 부가가치까지 창출하는 '뭔가'를 뜻하는 것이다. 소니와 다른 제조업체를 비교해 보면, 소니에는 이 '뭔가'를 제품에 채워넣기 위한 '제품 제조 기술'과 소비자를 대상으로 연출하는 '마케팅 기술'의 장점이 강하게 느껴진다.

오랫동안 이 두 가지 장점이 어떻게 성립되었는지 전혀 알지 못했다. 기술의 선진성, 디자인과 포장 기술, 기업 체질의 유연성, 경영진의 경영 캐릭터 등 세간에서 말하는 이유는 모두 이러한 상황을 설명하기에 충분하지 않았다.

하지만 이 책을 취재하는 과정에서 충분조건 중 하나는 발견한 느낌이다. 그것은 취재중 만난 SMOJ의 다양한 인물들에서 '동일 기업인으로서의 공통 인상'을 찾을 수 없었다는 데 있다.

일반적으로 어떤 현상이나 대상에 대한 원인과 특징을 생각할 때 그것을 구성하는 기본요소에서 공통요소를 찾는다. 기업의 컬러를 생각할 때도 마찬가지로 사원 한 사람 한 사람에게서 받을 수 있는 공통된 인상을 바탕으로 기업의 색깔을 감지할 수 있지만 SMOJ의 경우는 그것이 불가능했다. 같은 마케팅 분야에 있으면서 만나는 모든 사람이 자신들만의 독특한 향을 발산하였다. 연령도 첫인상도 다양했고, 말투 또한 천차만별이었다.

이 정도까지 제각각 개성이 다른 사람이 만들어 낸 기업을 본 것은 SMOJ가 처음이었다. 어느 부분을 잘라도 같은 얼굴이 보이는 경우를 부정적 의미로 흔히 '긴타로 사탕(金太郎, 어느 면을 자르든지 단면에 전설적 영웅 긴타로의 얼굴이 나오도록 만든 가락엿) 같다'는 표현을 쓴다. 이런 관점에서 보면 SMOJ는 어디를 잘라도 전혀 다른 얼굴이 나오는 '비(非)긴타로 사탕'과 같은 기업이다.

물론 공통 항목이 전혀 없는 것은 아니었다. 본문에서도 언급한 바와 같이 모두가 한결같이 일에 대한 자부심과 자신감을 갖고 매우 적극적으로 일을 추진한다는 점은 공통적이었다. 그리고 사고방식이 명쾌하게 정리되어 있다는 점도 모두 같았다. 그러나 SMOJ를 취재하면서 받은 인상은 크게 보면 인적 구성의 다양성에서 월등하다는 점이었다.

다양한 자질과 여러 성격의 인재들이 모여 있다는 점, 이것은 동시에 그 다양성을 허용할 줄 아는 경영진의 경영능력이라고도 볼 수 있다.

'성공 체험이 속박을 낳는다'고 하지만 소니는 많은 제품을 히트시켰으면서도 그에 따른 속박은 받지 않는다(적어도 그런 일은 '없다'고 느꼈다). 아마도 각 스태프들은 성공 체험이나 실패 체험을 통하여 여러 속박을 경험한 것 같았다. 그러나 다양한 인재가 서로 다른 자신만의 가치관으로 참가한다면 기업체의 종합력으로 볼 때 그러한 족쇄는 문제되지 않을 만큼 작은 것에 지나지 않는다.

또한 다양한 가치관이 하나 둘 모이면 사회 환경에 즉시 대응할 수 있는 잠재력이 생긴다. 다양한 가치관과 이를 통합하는 경영이 종합력으로서의 다양함을 낳고, 또 변화에 대응할 줄 아는 포용력을 만들어 낸다. 이것이야말로 SMOJ, 나아가서는 소니가 가진 강인함의 가장 큰 이유가 될 것이다.

흔히 제품 제조 세계에서 성공을 거두기 위한 필수조건에 '좋은 제품' '좋은 판매 방법' '좋은 기업'의 세 가지 조건을 꼽는다. 그러나 이번 SMOJ 취재로 느낀 것은 위에 말한 세 가지 조건 외에도 오늘날과 같은 비즈니스 환경 변혁 시기에는 '좋은 사람'이라는 요소가 기업을 운영하는 데 정말 중요하다는 사실을 새삼 인식하였다. 여기서 말하는 좋은 사람이란 능력과 기술 면에서 뛰어날 뿐 아니라 양심적이고 열의가 있으며 사회나 환경의 변화에 적극적인 태도를 보이는 사람을 가리킨다. 기술적인 선진도(先進度)나 기업체로서의 강인함은 제품 제조업체로서의 중요한 요인이 될 것이다. 그러나 최종적으로는 그 기업을 구성한 인간의 매력이 가장 중요한 열쇠가 될 것이다.

기술의 발전에 따라 각 제품의 성능 차이는 점차 줄어들고 있다. 한편 커뮤니케이션 기술과 이를 활용한 마케팅 수법이 발전하면 사용자가 제품 제조 현장에 보다 깊이 관여한다. 그러한 시대에는 제품의 매력이나 브랜드의 매력보다는 '물건을 만든 사람' '물건을 파는 사람'의 인간적인 매력이 기업간 경쟁의 중요한 요소가 될 것이다. 그런 의미에서 SMOJ는 앞으로 다가올 변화의 시대에 크게 활약할 수 있는 일대 요소, 즉 다양성이라는 능력을 가진 몇 안 되는 기업 중 하나라고 할 수 있겠다.

'카세트 녹음기'에서 시작된 나의 소니 기행은 이제껏 '소니의 기술과 그 제품의 세계' 밖에 여행하지 못했다.

이 취재를 끝으로 하여 한 권의 책으로 정리한 지금은, '소니의 마케팅 기술의 세계'까지 여행했다고 생각된다. 그래서 두 배로 즐기는 방법을 얻은 것에 대해 기쁘게 생각하며, 앞으로도 한 사람의 사용자로서 소니의 제품과 기업이 분리된 장소에서 계속 활동하고 싶다.

이 책의 문장 가운데에서 존칭은 생략하였다. 또한 조직의 호칭이나 기관명은 별도로 기재한 경우를 제외하고는 올 봄부터 여름까지 취재한 것임을 밝혀둔다. 장기간에 걸쳐 SMOJ 및 관련 기업에 많은 신세를 졌다. 그 중에서도 특히 홍보 그룹의 오쿠다 류스케(奧田隆介), 야마자키 에미(山崎惠美), 영업기획 그룹의 스즈키 코지(鈴木功二), 요코가와 야스오(橫川泰夫), 아사야마 다카시(淺山隆嗣) 씨에게는 구성에서 집필에 이르기까지 여러 면에서 많은 도움을 주신데 대해 진심으로 감사드린다. 또한 편집을 맡아주신 다이아몬드의 아사누마 노리오(淺沼紀夫), 나카노 치히로(中野千廣) 씨, 데이터 정리에 도움을 주신 다키사와 미에(瀧澤美繪) 씨에게도 깊은 감사의 마음을 전한다.

2000년 10월 1일
야마무라 신이치로(山村紳一郎)

소니의 성공은 '즐거움을 주는 기술'을 모토로 하여 항상 고객 중심의 제품을 창출해 온 것에서 찾을 수 있다. 초창기의 트랜지스터 라디오에서부터 '워크맨', 평면 TV '베가' 등이 그 대표적인 예가 될 것이다. 최근에는 '플레이스테이션2'와 PC 상품 '바이오'가 소니의 이름을 더욱 빛내고 있다.

1946년에 소니를 설립한 공동창업자 중의 한 명인 모리타 씨는 '일본을 품질로서 알리는 나라로 만들자'를 소니의 창업 이념으로 정했다고 한다. 이것은 매우 드문 일이라 할 수 있다. 왜냐하면, 대부분의 경우 자신의 회사에 한정된 사명을 창업 이념으로 선택하기 마련이기 때문이다. 하지만 소니는 당시의 자신보다 더 큰 미래의 것을 내다보고 있었다.

바로 이러한 정신과 태도로 인하여 소니는 일본을 넘어 세계적인 기업이 되었고, 다른 기업들이 앞다투어 벤치마킹하려는 회사가 되었는지도 모른다. 나 역시 조그마한 회사를 운영하고 있지만 국가를 생각해 본 적은 별로 없다. 다만, 늘 이 지구상 최고의 고객중심주의 회사로 만들어야겠다는 마음가짐은 지니고 있다.

모든 기업이 고객중심주의를 제일의 이념으로 하여 기업활동을 하기 위해서는 마케팅을 전제로 하지 않으면 안 된다. 인터넷 관련 벤처기업을 컨설팅해 오면서 느낀 것은 기술 경쟁력을 지닌 벤처기업에게 절실히 필요한 것은 바로 마케팅 경쟁력의 향상이었다. 환경의 변화와 개혁으로 앞으로 수많은 시행착오를 겪게 될 차세대 IT 비즈니스 사회에서 진정한 승자가 될 수 있는 열쇠는 바로 '마케팅'이라고 생각한다. 즉, 지금은 마케팅의 시대인 것이다.

벤처기업이 아닌 세계적인 기업 소니가 왜 1997년에 독자적인 마케팅회사 SMOJ를 설립하고 마케팅에 주력하는가에 대한 해답은 이 책을 읽은 독자라면 벌써 알고 있을 것이다. 지금 세계 경제는 극심한 대공황 속에 빠져 있다. 급격한 비즈니스 환경의 변화 속에서 기업들은 이미 마케팅의 중요성을 통감하고 있을 것이다.

소니라는 브랜드에는 '세계 최초' 또는 '세계 최고'라는 수식어가 여럿 붙어 있다. 이처럼 세계 최고의 수준을 고수해 온 소니도 1990년대 초에는 어려운 시기를 맞기도 했다. CEO가 이데이 노부유키로 바뀌었고, 바뀐 새로운 CEO는 'Digital Dream Kids'를 캐치프레이즈로 내걸고 각종 개혁에 메스를 댄 것이다. 그리고 소니 마케팅 주식회사가 설립되었다.

이 책은 세계 최고 수준의 브랜드인 소니에게 왜 독자적인 마케팅 회사가 필요했는지에 대해 과감없이 파헤치고 있으며, 소니의 마케팅 전략에 대해 독자가 받아들이기 쉽게 설명하고 있다.

개별 상품에 대한 마케팅보다는 소니라는 브랜드 이미지 강화에 주력한 홍보전략, 대표적인 성공상품에 대한 마케팅 기법을 비롯하여, 최고경영자뿐 아니라 마케팅 담당자와의 인터뷰를 통한 풍부한 사례 등을 적절하게 배치해 놓아, 마케팅에 관심 있는 이들의 이해를 돕고 있다. 때문에 기업체의 경영자와 실무자들에게 커다란 도움이 될 것으로 생각된다. 또한 소니만의 독자적인 마케팅 사상과 노하우에 대한 여러 정보들이 생생하게 실려 있어 기업이나 대학의 학습용으로도 훌륭한 교재가 될 수 있을 것이다.

몇 년 전부터 소니에 관한 서적들이 많이 나오고 있지만, 소니의 마케팅에 대한 서적은 오로지 이 책뿐이다. 그렇잖아도 그동안 소니의 마케팅 전략에 관심이 많았었는데, 『소니 제국의 마케팅』은 소니의 마케팅 정신과 노하우, 즉 DNA를 충실히 담고 있어 무척이나 반가웠다.

이 책을 번역하면서 느낀 점은, 읽고 또 읽어도 지루하지 않다는 것이다. 오히려 읽으면 읽을수록 더욱 그 맛이 살아나고 새로운 아이디어가 나올 것만 같았다. 이러한 느낌을 줄 수 있는 힘은 아마도 풍부한 지식을 군더더기 없이 쉽고 세련되게 정리한 글쓴이의 저력에서 나오는 것이리라.

이 책의 번역문을 성실하게 검토해 준 남경실 씨에게 이 자리를 빌어 고마움의 마음을 전한다. 그리고 기획에서부터 마무리에 이르기까지 각 단계마다 정성과 노고를 아끼지 않은 도서출판 참솔의 사장님을 비롯한 편집진에게도 감사의 말씀을 드린다.

마지막으로, 글쓴이 야마무라 신이치로의 말을 다시 한번 되풀이하면서 끝맺음에 대신하고자 한다.

'다양한 가치관과 이를 통합하는 경영이 종합력으로서의 다양함을 낳고, 또 변화에 대응할 줄 아는 포용력을 만들어 낸다.'

2001년 9월

김욱송 (gim@ausome.co.kr)

야마무라 신이치로

1956년 동경에서 출생하여, 79년 동해대학교 해양자원학과를 졸업했다.
잡지사의 취재기자와 사진기자를 거쳐 82년부터 프리랜서로 독립하여
정보 · 과학 분야에서 취재 및 출판기획 등에 종사했다.
현재 집필활동과 함께 과학교육실험의 이벤트 등을 진행하고 있다.

김욱송

일본 리쿄대학교 경영학부를 거쳐 산노대학원에서 정보마케팅을 전공했다.
일본 통산성 주최 정보처리자격 제1종과 중소기업진단사 자격증을 취득,
도쿄에서 무역과 네트워크 사업을 하였다.
현재는 e 비즈니스 컨설팅 관련 회사인 AUSOME의 대표이사로 있다.

소니 제국의 마케팅

펴낸날 2001년 10월 9일 1판 1쇄

지은이 야마무라 신이치로
옮긴이 김욱송
펴낸이 김혜숙

펴낸곳 도서출판 참솔 | **등록번호** 제8-244호 | **등록일** 1998년 5월 13일
주소 121-718 서울시 마포구 공덕동 404 풍림빌딩 521호
대표전화 3273-6323 | **팩시밀리** 3273-6329 | **e-mail** chamsoul@hanmail.net
값 8,500원 | ISBN 89-88430-20-4 03320